成长不再烦恼
允许我流三滴泪系列

爸妈不是我的监工

BAMA BUSHI WO DE JIANGONG

赵 静 著

河北出版传媒集团
河北少年儿童出版社

图书在版编目（CIP）数据

爸妈不是我的监工 / 赵静著 . — 石家庄 : 河北少
年儿童出版社, 2015.1（2020.8重印）
（允许我流三滴泪系列）
ISBN 978-7-5376-7533-8

Ⅰ . ①爸… Ⅱ . ①赵… Ⅲ . ①家庭教育 – 亲子关系 –
少儿读物 Ⅳ . ①G78-49

中国版本图书馆CIP数据核字(2014)第246637号

允许我流三滴泪系列
爸妈不是我的监工
赵　静　著

选题策划	段建军　赵玲玲	
责任编辑	李　平	
美术编辑	牛亚卓	
特约编辑	李伟琳　陈　燕	
封面设计	王立刚	

出　　版	河北出版传媒集团　河北少年儿童出版社
	（石家庄市桥西区普惠路 6 号　邮政编码：050020）
发　　行	全国新华书店
印　　刷	鸿博汇达（天津）包装印刷科技有限公司
开　　本	880mm×1230mm　1/32
印　　张	5.75　彩插0.25
版　　次	2015年1月第1版
印　　次	2020年8月第19次印刷
书　　号	ISBN 978-7-5376-7533-8
定　　价	25.00元

"画中有话"
寻词游戏开始啦！

一、寻词地点

词语都隐藏在海洋中，还等什么，快来找找吧！只有看不到，没有想不到！

二、游戏规则

1. 请各位看管好自己的心情，要不急不躁。

2. 各位无需自带工具，现场擦亮眼睛即可。

3. 找到所有的词语后，请第一时间将其拼成两个句子。

第一句：_____。

第二句：_____。

4. 答案在最后一页，确定你的句子没问题了再看哦！

5. 祝各位小读者快乐！如有其他问题，可以咨询本书作者：jingzhaohu@sina.com。

擦亮眼睛，
将藏在动物或场景中的词语找出来吧！

触动心灵的温情话

为人粗鲁，意味着丢掉了自己的尊严。

学会思考，用智慧发挥自己的优势。

自己分内的事情，努力做到一百分。

一味责怪自己，会限制自己解决问题的潜能。

小孩子的成长烦恼，就是内心的追求与大人的要求之间

的抗争。

逆反心理比较强的人，在处理问题时，承受的压力比较大。

对付挑衅或不大友好的言行，用开玩笑的口气应对，往

往会化"敌"为友。

目 录
MULU

目 录
MULU

看似自由却身不由己

你不能改变所有的一切，

只能一次改变一点儿。

你不能决定太阳几点升起，

但能决定自己几点起床。

不想被控制

妈妈经常对我说:"你要做一个顶天立地的男子汉。"

有一次,我终于忍不住反驳了她:"我要是'顶天立地'了,那我还能走路吗?干脆当个雕塑,或者木头人好了!"

妈妈一听立刻火冒三丈,冲我破口大骂:"我是为了你好,你这孩子怎么这么不知好歹!"

唉,我觉得我生活的空间,包括心灵的空间,被爸爸妈妈控制得死死的,有时憋得我难以呼吸。我经常想,如果我真的变成了一个木头人,是不是就能过得舒服一些?

举几个被妈妈控制的例子,您就知道我的处境是多么不堪忍受了。

每天早上我起床后,妈妈都要给我冲上一杯牛奶。喝得我看见牛奶就想吐，可当我看见妈妈那凶巴巴的眼神时，我只好一口气把牛奶喝光。

我不明白，为什么牛奶这么难喝，妈妈还非要让我天天喝下去，但妈妈总是说："常喝牛奶体质好，欧洲人长得又高又壮，就是因为经常喝牛奶。你没听人说吗，喝牛奶可以强壮一个民族。"

我觉得妈妈这么说也没有多少道理，我经常喝牛奶，体质还是一样差呀！

还有，我希望把头发弄得有型一些、帅一些，可爸爸妈妈非要和我对着干，说清爽才更适合我这个年龄段的孩子，不用管它美不美。真让我欲哭无泪呀！

再说说烦人的作文吧！

刚学写作文的时候，我特有兴趣，觉得把自己看到的、听到的事情，还有心里的感受变成文字，是一件妙不可言的事情。可现在，我特烦写作文了。

妈妈每次带我出去玩，回来后都要我写作文，而且写什么由她说了算。

她让我写人，我就得写人；她让我写景，我就得写景；

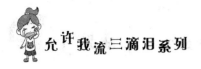

她让我写物，我就得写物……而她要我写的人、景、物都是她感兴趣的，不是我感兴趣的。我感兴趣的人、景、物，她都说没意思，没啥可写的。

唉，真搞不清楚，是她写作文，还是我写作文！

有时，我感觉自己学的那点儿字、词、句都用完了，想看看课外读物，可是，看什么书，也得妈妈给我规定。不是小学生作文选，就是厚厚的四大名著，看着我就一个脑袋三个大。但迫于妈妈的压力，我还是得听她的。

最可怕的是，我写作业时，妈妈总是瞪着一双"鹰眼"，守在我的旁边。只要我写错一个数字，或者漏掉了一个词语，她就会抢过我的作业本，"哗"地一下撕掉那一页，还边撕边说："怎么回事啊？又落下了一个词！"

天啊，写完这一页，多么不容易啊，但我只能气鼓鼓地重新写。

有一次，我的作业本被妈妈撕了好几回，我忍不住"哇"地大哭起来。妈妈却说："哭什么哭，咱家有的是纸，怕什么？谁让你写错的！"

听她这么一吼，我更是哭得死去活来，妈妈气得又甩

了我几巴掌。

其实，她撕掉的不是一两张纸，而是我的辛苦和自尊心啊！

我相信每个人都有自己的爱好，我也一样，我的爱好是收集体育明星的彩照。有一天，我正躲在房间里翻看这些彩照，妈妈突然冲进来，把它们全撕掉了——我这点儿可怜的爱好，也被妈妈剥夺得干干净净。

我和哪些同学交往，更是要经过妈妈的严格"审查"，

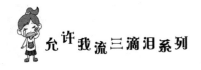

因为她老怕我交友不慎，变成了坏孩子。我的同学都害怕她的那双眼睛。唉，害得我一点儿人缘都没有，整天形单影只的，真是郁闷呀！

周六日，妈妈还给我规定了严格的作息时间，什么时候起床、什么时候吃饭、什么时候学习，都规定得死死的。要知道，规定者是她，执行者是我呀。

我需要的是帮助，而不是控制！

赵阿姨，您有什么好办法，让我摆脱妈妈的控制，成为一个自由自在的人呢？

小黑屋　男生　五年级

👑 情绪涂改液

亲爱的"小黑屋"，你是一个有个性、有自尊、很要强的孩子，还很乖哦！可惜，你的爸爸妈妈却没有意识到这一点。他们总是为你安排一切，做什么、怎么做、什么时候做等等，事无巨细，包揽无余，可谓煞费苦心。但是你并不买账，并从心底发出了很震撼的呐喊："我需要的是帮助，而不是控制！"

问题到底出在哪儿呢？我认为主要是你的爸爸妈妈在为你做这做那时，没有考虑到你的感受，没有考虑你作为孩子的天性。正如你所说的，他们错把控制当成帮助——"帮"你成长为一个"顶天立地"的男子汉。

教你几招儿吧，能帮你摆脱控制，成为一个自由自在的人。

牛奶的营养不必多说了，我想说的是，你可以和妈妈商量一下，早上喝不下去，能不能放在晚上喝，或者在口渴的时候喝。

说实话，我也是一个不喜欢喝奶的人。有一次，我又累又渴，家里没有凉白开，我只好打开一袋牛奶，一口气灌下去，呵呵，真香啊！从此，我就喜欢上喝牛奶了。当然，牛奶不能代替水哦。

而且要想体质好，光喝牛奶是不行的，还得多锻炼，并且要保证充足的睡眠。

至于发型嘛，很好解决呀，既清爽又帅气的发型有的

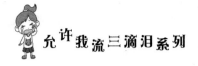

是，问问理发师就 OK（可以）了。

对于写作文，我特佩服你的妈妈。她可真是一个有心人啊，经常带你出去玩，只是教你写作文的方法欠妥了一些。

你就直接告诉她呗：是我写作文，又不是你写作文；我们又不是用同一双眼睛看东西，用同一个脑袋思考问题；这是作文练笔，不是作文考试，所以，不需要命题；我愿意写什么就写什么，这样才能写得出来，写得好呀……

对于撕你的作业，撕你的心爱之物，你可以和爸爸妈妈沟通。

比如，请爸爸妈妈不要干扰你写作业。但你得保证在规定的时间内完成规定的作业，而且尽量不出或少出差错，这样才有说服力呀。那么，其他时间就可以归自己自由支配了。

还有，你的每个同学都是各有长处的，你经常在爸爸妈妈面前多夸夸他们，爸爸妈妈对他们的"警惕性"自然会放松，于是，和哪些同学一起玩，玩什么，还不是由你说了算？

总之，不想被控制，就要主动"出击"。对充满爱却又不知如何去爱的爸爸妈妈，你要靠智慧去应对，才有可能改变自己的不利处境。

👑 成长小测试

能否更好地掌控自己

下面的情景测试，能测查你对自己生活和学习的控制状况。

爸爸妈妈希望你能考上重点中学，所以每周末都给你安排了语数外课外班，而你觉得非常疲惫，学习效果也不是很好，于是，你向父母提出了退出课外班的请求。在父母不同意的情况下，你会如何对待呢？

A. 坚决不去上课了。

B. 可以保留其中较弱的一科，其余的课外班退掉。

C. 和父母谈条件：可以上课外班，但其余时间想干什么就干什么。

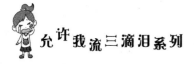

D. 反正是课外班，不上也没什么大不了的。

选项分析

选择 A：硬碰硬的处理态度，会把事情弄得更糟，事态更难掌控了。

选择 B：你能掌控自己的生活和时间，能很好地处理你的事情，在处理问题时，也显得更有主动性一些。

选择 C：这种应付型的应对方式，让父母更不放心，更激起了父母对你的掌控欲。

选择 D：对于这种无压力型的应对方式，你的生活和学习，只好乖乖被父母掌控了。

逃不出的"魔掌心"

我的妈妈是个小学数学老师。在我的印象里，小学老师，尤其是女老师，似乎脾气都不大好，我妈也不例外。

在家里，每天我都得忍受妈妈那没完没了的唠叨；在学校，我还得忍受她的跟踪调查和审问。只要她去了我们老师的办公室，我的任何一节课、任何一张试卷的情况，都会被她一网打尽，没有一样会逃过她的耳目。

现在，我转入了她当班主任的这个班，落入了她的手掌心，她对我的监督更方便、更快捷了，我都快要疯掉了。

转入其他班是不可能的，所以我现在是度日如年，天天盼着五年级赶紧结束，或者干脆直接升入中学或大学，住进学校，离她远远的。

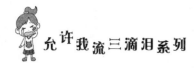

举几个例子，你就能领教我妈的厉害了。

首先，上课时，她的眼睛总是盯着我，不断地提问我，好像我就代表着全班同学。

每节数学课上完，我都好像要累瘫了一样，弄得班里那些把手举得高高的同学，对我很有意见。

而我，也有说不出的憋屈：回答对了，没有表扬；回答错了，妈妈会对我大动干戈，并且是当着全班同学的面，喋喋不休，对我大肆训斥，弄得我尊严扫地，面子丢光。

另外，每次的作业，我都不能有一丁点儿的错误，否则，别人改一遍，我一定要改两遍才能过关。

不过，这样也好，时间长了，班里的同学不再忌妒我，而是深深地同情我了。

我就不明白，妈妈对别的同学那么有耐心，而对我为什么这么凶狠呢？

每天回到家里，我都尽量躲着她，能不和她说话，就不和她说话。

可是，当老师的妈妈却总是追着我，对我说："你这孩子，怎么一点儿事也不懂呢？我对你发脾气是为你好。你要不是我的女儿，我才懒得对你发脾气呢！"

我心里却在想："我要不是你的女儿，该多好啊！"

有时，我也会质问她："对我好的表现，就是对我发脾气吗？如果是这样的话，我也愿意天天冲你发脾气！"

结果，妈妈更生气了，大声骂我："知错不改，还老犟嘴，真是一块不可雕的朽木！"

更让我发疯的是，不明就里的爸爸，每次都向着妈妈说话，他怪我不懂事，不体谅妈妈，在学校里让妈妈为我

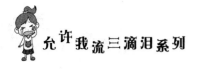

操心，回到家来，还要为我操心。

天啊，如果换成是他，不知道他会不会为这种"操心"发狂！

小时候，妈妈是多么爱我呀！她总是对我说，长大后做个好人很重要，身体健康更重要。可现在，我耳朵里灌进来的，除了分数还是分数。

不幸的是，她越提分数，越给我"加餐"，我就越紧张，越做不好作业，越考不了高分。

慢慢地，我学会了以不变应万变，那就是"沉默是金"。不管她冲我多大声地吼叫，不管她把我那不如意的试卷抖得多响，我都假装害怕的样子，大脑却早就跑到别的地儿找乐和去了。

其实，我也不想这样啊，可是有什么办法呢？谁让我有这么个当老师的妈妈呢？

叹长气　女生　五年级

👑 情绪涂改液

亲爱的"叹长气",看着你纸上的诉说,我也不由得跟着你长长地叹了一口气。

是啊,要是每天都生活在这种"被压迫"的状态中,不是吵架吵得疯掉,就是"沉默"得傻掉。

可是,沉默和逃避,都不是解决问题的方法。

你妈妈的这种教育方式,实在让人不敢恭维。

可是,她为什么会这样呢? 可能你妈妈是当老师的,总想着自己的女儿应该是最优秀的,应该给班上的同学做个榜样。于是,当女儿稍稍不如她的意时,她就会大失所望,最直接的表现,就是大发脾气。

了解老师加妈妈的这种恨铁不成钢的心理后,你可以找妈妈好好谈一谈,请求妈妈不要对你"关照"太多,要像对普通同学那样对你。你可以向妈妈保证,如果是这样的话,相信自己比现在做得更好。

不过,做出保证后,你可要严格要求自己,努力去做到哦。要知道,当老师的妈妈在默默地观察着你,时刻等

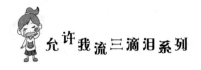

着你兑现承诺呢。

如果谈不通,也可以采取"迂回战术"——向老爸求援。

你爸爸之所以偏向你妈妈,可能是听妈妈的倾诉太多,却对你内心的痛苦不太了解。

你可以把自己对妈妈的心理状态分析给爸爸听,得到爸爸的同情和认可后,他就会主动去做妈妈的思想工作,让她对你要有一颗平常心,要像对普通同学那样对待自己的孩子,少给你压力,要在班上给你留点儿尊严。

如果妈妈能听从爸爸的建议,能相信你的保证;如果你能努力地去实践你的承诺的话,很快,你就会和妈妈亲昵地拥抱在一起了。

成长小测试

你是否患有"紧张症"

请快速回答下列问题。注意用"有"或"无"作答,然后进行分析。

1．经常莫名其妙地感觉心慌意乱，坐立不安。

2．晚上老想各种事，而且是不高兴的事。有时睡着了，又容易惊醒。

3．一出门，心就比较乱。

4．常对爸爸妈妈使小性子，甚至大发脾气。

5．遇到一件小事，就会想它的来龙去脉，想不明白还要想，乱想瞎想。

6．报上写的、新闻里报道的怪事、怪人、怪病什么的，总会往自己身上扯，而且越扯越感觉真像发生在自己身上似的。

7．一到人多的地方、太吵的地方，整个人都快要疯掉了。

8．心里知道这件事不能做、这句话不能说，但还是忍不住要做、要说，做完了、说完了，又后悔得要死。

9．经常回忆过去，但总是后悔，处于自责之中，谁也劝不了。

10．说话尖酸刻薄，搞得别人下不了台阶。不随和，不合群，显得倔强而孤僻。

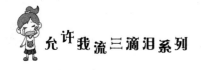

选择结果分析

答完 10 道题后，如果有 3~5 道题答"有"，为轻度紧张症；有 6~9 道题答"有"，为中度紧张症；有 10 道题答"有"，为紧张症。

轻度紧张的人，可以用阅读、写字、绘画、看喜剧片等方式进行自我调节，放松自己；可以多参加体育活动或文娱活动消除疲劳，疲劳消除了，紧张症自然也消失了；还要养成良好的生活习惯和学习习惯，适当增加营养。

对于中度以上的紧张症者，可以和爸爸妈妈交流一下，他们可以带你去看医生，看身体上有没有什么不舒服的。如果身体没什么问题，就要找心理专家聊聊了。

我的隐私无处可藏

在家里，我连隐藏自己隐私的地方都没有。妈妈总是像个私家侦探，千方百计地偷看我的日记、侦察我的隐私。

更过分的是，妈妈看我把日记本藏来藏去的，就以此取笑我说："你这叫'此地无银三百两'。"您说气人不？

取笑我之后，还对我嗤之以鼻："一个大老爷们儿，应该大大咧咧、坦坦荡荡的，又不是小女生，哪有那么多的秘密啊？"

就凭这一句话，在家里，她老是仗着是我的妈妈，明目张胆地窥探我的隐私。

大老爷们儿怎么了？大老爷们儿就不该有隐私呀？何况，我还是个小男生，还没有长成一个大老爷们儿呢。

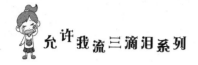

我喜欢交笔友，但是，我所有的信，尤其是女生的来信，我妈都得先看一遍，你说有这样的人吗？

每当我发现自己的日记和信件被偷看以后，就非常愤怒，跟妈妈干了好几次架，但妈妈根本无视我的愤怒，照样以给我收拾书包的名义，查看里面有没有什么私藏的信件，顺便再"拜读"一下我的日记。

看就看吧，最让我受不了的是，我妈还经常把我日记和信件里的内容告诉别人，一点儿也不顾及我的感受。

举两个例子吧：

我十分喜欢一个女歌星，我在日记里写道：我也爱唱歌，长大以后，我一定要找一个跟她一样爱唱歌的女朋友，这样我们才有共同语言。

妈妈将这事告诉了爸爸，爸爸又告诉了爷爷奶奶，爷爷奶奶居然把这当成笑料，在亲戚朋友之间到处乱抖，害得我每到逢年过节亲戚朋友聚会时，都不敢见他们。

还有一次，我在日记上写了"我讨厌妈妈唠叨，讨厌妈妈给我布置好多课外题，让我没有玩的时间"，妈妈翻看了之后，居然拿日记里记的事教训我，说我"不知好歹""没有良心"。

她这种过分的做法，当时就把我激怒了。我冲她吼叫道："你们不是从小教育我要尊重他人吗？可你们现在尊重我了吗？你们凭什么偷看我的日记？"

我连珠炮似的说了一大堆，越说越委屈，泪水止不住往下掉。

妈妈说："道理上是这么讲的，可我们爱你呀，关心你的成长呀！"

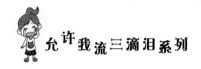

其实妈妈对我挺好的，过节时，会带我出去玩，会给我买好吃的，可是，我还是希望妈妈能多给我一点儿私人空间。

小把戏 男生 五年级

情绪涂改液

"小把戏"，我很理解你的爸爸妈妈哦。他们一天忙到晚，还得惦记着自己的孩子有没有学坏，成绩有没有下降。你越藏着、躲着、锁着，他们就越疑心，以为你有什么事在瞒着大人，于是，就采取了许多"侦察"手段，不自觉地触犯了你的"隐私权"。

唉，找呀找呀找日记，你爸爸妈妈找得累，你藏得更累呀！

其实，小孩子的日记里，并没有什么"不可告人"的事，更多的是对一些问题的思考和一些心里话。

比如，我长大找个什么样的女朋友，那不说的是长大以后的事嘛，又不是现在要找女朋友；再比如，在日记里发发牢骚和不满情绪等。

如果不想让爸爸妈妈偷看你的日记，你就按以下方法试试吧。

"歪招儿"一：当爸爸妈妈聊天时，你一定要不停地问清楚他们说的是什么。你一问，他们肯定会呵斥你，让你少管闲事。这时，你就故意告诉他们说，我只是好奇而已嘛，就跟你们老翻我的日记一样，我也想知道你们都有什么秘密事情。而且要不停地到爸爸妈妈房间里转来转去，翻翻抽屉，当着他们的面打电话给姥姥姥爷、爷爷奶奶，问当年爸爸妈妈都有哪些糗事。

"歪招儿"二：为了防止爸爸妈妈偷看你的日记，你可以在扉页写上"偷看别人的日记是不道德的"。或者把自己故意做的事，写在日记本上：有其父母必有其子，爸爸妈妈爱翻看我的东西，现在我也喜欢翻看他们的东西了，看看他们有什么隐私没有。

"歪招儿"三：当妈妈没有征得你的同意，就乱翻你的书包时，你就这样直接糗她："您要看我日记中的哪一部分？我帮您找。"

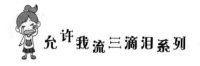

"歪招儿"四：你还可以来点儿"威胁"哦。比如，在日记本上写上：

老爸老妈，请给我一些尊重吧。以后不要随便拆我的信，读我的日记，拜托你们了！将心比心想一想，如果我也去窥探你们的隐私，并且当笑话一样透露给别人，你们又会是怎样的心情呢？

如果再翻看的话，我就准备放弃写日记的习惯了。尽管老师说这是个好习惯，尽管这个习惯的养成很不容易，而且对提高写作水平有利。但如果你们不放弃偷看，那我就只得放弃"写作"了。

"歪招儿"五：如果这些方法都解决不了根本问题，你就跟爸爸妈妈讲清道理，让他们明白，偷窥别人的隐私不是光明正大的事，尽管是父母对子女。要让他们知道，你不能被他们信任和尊重，内心是非常痛苦的。爱你、关心你，不是表现在想方设法打探你的隐私上，而是靠相互沟通啊，或者去找老师问问等等。如果靠偷看日记来爱、来关心，那只能激起你的强烈抗议。

♛ 成长小测试

通常该怎样发泄郁闷

你经常为一点儿小事大动肝火吗？这"火"又是怎么"动"的呢？试着了解一下自己吧，看自己是怎么发火的。

测试开始：下面几种自然界的风，你比较喜欢哪一种呢？

A．台风。

B．能刮断树枝的狂风。

C．感觉很舒服的微风。

D．能吹动头发的小风。

E．能把行人的风衣刮起的大风。

选项分析

选择A：你是个心里藏不住话的人，脾气暴。虽然脾气来去匆匆，但非常伤人，时间长了，受不了你的朋友会一个个地离你而去。所以，劝选A的人，遇事一定要冷静哦，至少要去洗个冷水脸，缓解一下自己的情绪，少一些冲动。

选择B：一般来说，你不怎么发脾气，但一发起脾气来，

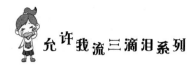

让人不知何故，说出的难听话，能让人血崩。做你的朋友可真不容易啊！所以，建议选 B 的人，遇到不开心的事，或者与人有不同意见的时候，要和对方好好说，不要激动，免得最后难以收场。

选择 C：你比较有涵养，遇到对自己不利的事情时，总能很宽容地原谅对方，很少和人吵架。对待暴脾气的朋友，你通常采取逃避的方式，结果让朋友误会你对他有意见。所以，对待朋友的缺点，你可以婉转地给他指出来，这样会显得你比较真诚。

选择 D：你很看重友谊，也特在意朋友对你的看法。如果有朋友稍微对你有点儿意见，你就会觉得很委屈、很难过。可你并不直接表达出委屈和难过，而是通过找对方小碴儿的方式，让对方也不舒服。所以，总的来说，你的脾气不大，但却显得很小气。痛快地说出来，总比憋在心里效果要好。

选择 E：你不经常生气，但是脾气可不见得好哦。因为，遇到不开心的事情时，你除了忍，还是忍，当你最终忍不住的时候，就会像火山一样爆发出来，那阵势很吓人的。倒不如大事化小，小事化了。

经常被突然袭击

富兰克林说过："读书使人充实，思考使人深邃，交谈使人清醒。"我觉得这句话与我的想法不谋而合。

然而，事实上，我在自己家里读书，却好像是在窃读一样：每时每刻都要小心翼翼的，每时每刻都要像老鼠一样，观察附近会不会突然蹿出一只猫来。

这只"猫"，就是我的奶奶。

每当我写完作业，拿起一本校园小说，想看一会儿的时候，奶奶就会急颠儿颠儿地走过来，抢过我手中的书，看看封面，开始语重心长地教育我："月月呀，你先去听一会儿英语吧，学习更重要啊！"

我赶紧伪装成十分顺从的样子，事实上，我的心中正

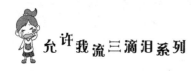

打着如意算盘！

回到屋里，我立刻把门半掩上（只开个小门缝儿，这是为了满足奶奶的好奇心哦）。虽然奶奶能看到屋里的一小部分，但是我却坐在奶奶看不到的地方。接着，我把收音机的音量调到最大。

奶奶中了我的"迷魂计"之后，我就可以心安理得地看书喽。

突然，我感觉身边有一阵轻风。

哎呀，有人来了，快"调包"！我以迅雷不及掩耳之势，把手中的校园小说换成了英语书。

我用眼睛的余光，扫了一下房门。

没有人呀。

咦？难道不是来这里"巡逻"的？

那就把书换回来吧。

虽然我很警惕，但总是会被奶奶"当场捕获"。

每次，正当我读得如醉如痴时，奶奶就会突然破门而入，把我捉个现行，然后训斥一顿。

每当这时我都会想：奶奶有这么一根三寸不烂之舌，让她去扮演西游记中的唐僧好了，收视率一定很高！

快乐阅读伴随着恐惧感，这就是窃读的滋味。可是，我只想快乐地阅读，不想提心吊胆地阅读啊。怎么才能彻底消除恐惧感呢？

追梦人 男生 五年级

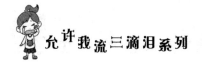

♛ 情绪涂改液

亲爱的"追梦人"，收到你的信，我好开心呀。你那可爱的奶奶，实在太厉害了，居然能把你的笑脸整成个苦瓜脸——呵呵，无可奈何的苦瓜脸呀!

说实在的，如果在不影响自己"如醉如痴"地阅读的前提下，在家里时常和奶奶上演一场"猫捉老鼠"的游戏，倒也能给双方带来开心哈，还能无意中让双方变得更机警呢!

呵呵，说笑归说笑，烦恼归烦恼。我们进入正题吧。

你的奶奶只是训斥你，但并没有强行没收你的课外书，这一点很重要，表明奶奶还是很通情达理的。其实，她也知道你看课外书没有什么不好，她只是觉得与做作业、听英语、考高分相比，还是学习课本知识更重要——这也可以理解嘛。

有了"猫"奶奶的通情达理，事情的圆满解决，就非常靠谱了。

你不是很赞同富兰克林说过的话吗："读书使人充实，思考使人深邃，交谈使人清醒。"你这只"偷偷摸摸"的"小老鼠"，可以开动自己"深邃"的大脑，动用自己的三寸不烂之舌（奶奶有，你肯定也会沾点儿光，可别小瞧了遗传的威力哦），去取得"猫"奶奶的理解。

比如，和"猫"奶奶商量一下，来个"约法三章"：写完作业，听完英语，剩下的时间，全归你自己支配。

当然，作业写多少，英语听多长时间，或听几遍，越量化，对你越有利。有了量的规定，你才有盼头，"猫"奶奶心里才会有底，双方当然更容易"达成共识"了。

又比如，利用好你手中的优势——你的优秀作文。

你发给我看的作文，就是你写的那篇《"探望"儿时的橡皮树》，写得真是太棒了！想象丰富，引经据典，很有优美散文的范儿呢！

把这篇作文拿给奶奶看，向她表明，自己的作文之所以写得好，主要得益于课外阅读。

你不停地说，不停地说，一定要和"唐僧"奶奶，哦不，和"猫"奶奶有一拼哦。

还比如，在家中，经常有意无意地、大声地朗读一些美诗，给"猫"奶奶的耳朵一点儿熏陶。

你贴给我的那几句诗就非常好，特别适合声情并茂地

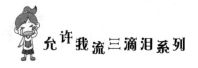

朗读：

没有一艘非凡的战舰，能像一册书籍，把我们带到浩瀚的天地；

也没有一匹神奇的坐骑，能像一页诗扉，带我们领略人世的真谛；

即令你一贫如洗，也没有任何栅栏能阻拦你在书的王国遨游的步履。

多么朴实无华的车骑！可是它装载了人类灵魂中的全部美丽！

大声朗读吧，如果你想享受阅读的快乐。

高智商的"猫"奶奶，一定会理解你的良苦用心的。

♛ 成长小测试

善意的谎言可以说吗

在秋风扫落叶之前，如果你想留住即将消逝的美景，那么，你的镜头会对向哪一种景象？

A. 层林尽染的景象。

B. 依然葱绿的景象。

C. 呈现赤橙黄绿等各种颜色的大片树林。

D. 落叶满地、枯枝凋谢的景象。

选项分析

选择A：你在亲朋好友面前经常说谎，而且他们还十分信任你。其实你也不愿意这样做，但遇到事情时，又会克制不住自己。

选择B：你太渴望得到好人缘，所以你习惯说好听的话去讨好他人。但你说的话比较生硬，时间长了，别人会质疑你的诚意。

选择C：你不太喜欢说谎，说谎时你心里会很不舒服，但为了和谐的关系，你会"坦然"地说一些违心的话。有时候，甚至完全放弃自己的感受，而让对方听起来很享受。

选择D：你认为人与人之间应该真诚，这是你做人的原则。但有时候，真话未必能让对方接受，于是，你会因此与对方发生不愉快。

太自由了也悲伤

我今年11岁，上六年级。班里的同学对我羡慕得要死要活，因为我的爸爸妈妈对我不管不问，而他们的爸爸妈妈对他们则是什么都管，什么都问。

其实，他们不知道我心里有多悲伤，不知道我心里多么渴望有人来管我问我。如果你不相信，没关系，我可以举一大堆例子，让你知道，我没有胡说八道。

每到周末，当我的同学都在看电视或者玩耍的时候，我却在厨房和洗衣房里穿梭。

干什么？洗碗呀！

洗完了碗，接着洗衣服。洗完衣服，还要完成学校老师布置的作业。这就是我爸爸妈妈甩手不管的表现之一。

　　有一次，我忍无可忍，举着沾满洗衣粉泡沫的手，跑到爸爸妈妈跟前，生气地质问他们："凭什么老让我洗碗、洗衣服？"

　　正津津有味看电视的爸爸妈妈，好像不认识我似的："你这么大了，应该干点儿家务活儿了，我们像你这么大的时候，早就连饭都帮爸爸妈妈做了。再说了，我们单位离家这么远，工作压力又大，好不容易回家，就该歇会儿，你整天无忧无虑的，干点儿活儿有什么呀？"

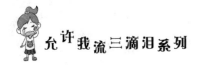

一听说我"无忧无虑"，我积压在心里的火，一下子蹿了出来："我怎么没有压力了？每次考试就那么容易过得去吗？再说了，你们回来可以休息，而我回来却要干家务，干完家务后还要写作业。要不，咱们分分工，你们写作业，我干家务！"

妈妈一听，就跟我急了："哈，怎么越大越学会顶嘴了呢！就知道懒惰，不懂事，不知道体谅父母！你不愿意洗碗，就扔那儿吧！不愿洗衣服，就脏着吧！"

看到了吧，这可是我的亲生父母啊（我早就明察暗访过）！

小学快毕业了，作业都堆成了山，哪一样作业不让人费神？他们根本不知道体谅我，反而骂我不体谅他们。

每当要开家长会时，我们班的同学，或者满脸含笑，等着爸爸妈妈带回来的表扬；或者魂飞魄散，等着一顿拳打脚踢。而我呢，没有喜，也没有怕，有的只是悲。因为，我要追在妈妈后面不停地打听："妈妈，老师都讲了啥？妈妈，老师到底都讲了啥？"

妈妈被我问得急了，才甩给我一句话："讲些什么，你应该早就知道了吧？还问我干什么！学习都是你自己的事情，你应该知道自己该怎么做，不用别人教你了吧？不要再问了，累死我了！"

每次考试，老师都要求家长在考试卷子上签字，有人欢喜有人忧呀。而我，却既没有喜，也没有忧。因为不管我考得多好，妈妈总是接过笔，草草地把自己的名字写上后，就把卷子扔给我，连看都不看一眼。

有一次，我考了个全班第一，就拿着签完字的卷子不走开，眼巴巴地瞅着妈妈，希望她能表扬我两句，可是妈妈却说："有什么可表扬的？你考差的时候，我不也没有批评你吗？总之，学习成绩的好与坏，是你自己的事，不是别人的事。"

尽管我经常考得很好，但我从来都没有快乐过。就像我考差了，从来就不知道伤心一样。没有责骂的同时，也没有了表扬和肯定。

一让爸爸妈妈管我，他们就跟我犯急。这让其他同学羡慕得要死的事情，却是让我最不快乐的事情。

爸爸妈妈对我不管不问，让我感觉到生活一点儿意思

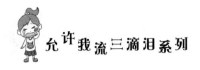

也没有。

在这一点上，好朋友都骂我不知好歹，骂我自找苦吃。对此，我实在是无话可说。

唉，谁能真正理解我心中的苦涩呢？

不举例子了，再举下去，我的眼泪都快掉下来了。

我多么希望爸爸妈妈在我犯错时责骂我，在我取得好成绩时表扬我啊。毕竟，我还是个小孩子嘛，我不想听那句冷冰冰的话——"反正都是你自己的事情"！

涩苹果　男生　六年级

👑 情绪涂改液

亲爱的"涩苹果"：

看完了你的信，我实在是想笑，可我又实在笑不出来。

我想笑的是，在这个把孩子管得严而又严的时代，你却像一条漏网的小鱼，在自由的空间里，自由地游来游去。

别说你的同学羡慕你，我都快要替你哈哈大笑了。

考不好了，无所谓。

想干什么就干什么，无所谓。

想不洗衣服，就脏着吧，无所谓。

…………

正像你妈妈说的那样，总之都是你自己的事情，你自己看着办吧。

可很快，我就发现了你心中的悲伤：没有责骂的同时，也没有喝彩，没有肯定，感觉生活一点儿意思也没有。于是，我就一点儿也笑不出来了。

你的爸爸妈妈好独特哦。大多数父母是因为孩子不让管、不服管、逆反而犯急，而你的爸爸妈妈呢，则是孩子让他们管，他们才跟你犯急。

他们到底是怎么想的？真让人琢磨不透！

不过，有一点是可以肯定的，他们还是爱你的。

只不过，他们是在默默地关注着你，而这种默默关注着的爱的方式，让你接受不了。

事实上，爸爸妈妈不盯着你，你的作业不照样完成得很好吗？爸爸妈妈不管你，你不照样把自己的生活安排得挺好的吗？

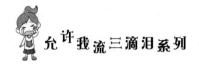

你的学习成绩那么好，你的生活能力那么强，也许，跟这所谓的"不管不问"大有关系呢。

只是爸爸妈妈在给你太多自由的同时，完全忽略了你的正常心理需求。如果他们的这种做法，让你感到悲伤，那你就要跟他们好好地"谈谈心"了。

先把自己独立学习的能力、生活的能力向他们汇报一下，然后再把他们撒手不管的方式狠狠表扬一把，最后，就明明白白地告诉他们："爸爸妈妈，如果你们能够在该批评的时候批评批评我，该表扬的时候表扬表扬我，我相信，我会做得比现在还要好上几倍。再说了，有爸爸妈妈的关心爱护，我才会有幸福的感觉，而不会有像留守儿童一样的感觉，非常孤独！"

我想，爸爸妈妈听了你的话后，一定会有所触动的。触动的直接结果，就是当你再让他们"管"你时，他们就不会跟你犯急了。

👑 成长小测试

"字如其人"与"人如其字"

把你班上同学的语文作业本都打开，一字排开，你会发现，同学们的字体和字号是可以分成几个类型的。请你仔细观察，仔细比较，然后按要求回答问题。

1. 仔细观察和比较同学们写的字和句子，然后回答你是属于以下哪一类型的：

A. 字写得又小又挤，节省了不少作业纸。

B. 字体大小正常，而且大部分字都在规定的界线内。

C. 字写得很大，大部分字都写出了界线。

选项分析

选择A：你的字写得又小又挤，说明你平时是个小心翼翼的人。从表情上，看不出你是高兴还是不高兴，心思都放在心里，深藏不露，很少对人有真情流露。

选择B：说明你的家庭很和睦，爸爸妈妈很爱你，你很有自信，很开心，很活泼，不会为一些小事情而伤脑筋。与朋友相处时，大大咧咧，不会斤斤计较。

选择C：说明你是一个把喜怒哀乐都挂在脸上的人。把

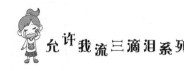

字写得很大，说明你性格外向，很容易从你脸上看出你今天是高兴还是不高兴。性情中人，直来直去，爽朗外向，对人很真诚，所以，朋友有什么心事都愿意对你说，你也会尽最大的力量去帮助他们。

2. 你的字体的倾斜方向为：

A. 向右。

B. 向左。

C. 中规中矩，基本没有向左或向右倾斜。

选项分析

选择A：你喜欢热闹，愿意和朋友们一起开开心心地玩耍，朋友也很多。你特愿意参加集体活动，一次也不想落下，而且还很投入、很享受。

选择B：你性格内向，也很愿意安静地独处，想自己的心事，偶尔也愿意和朋友们一起玩。如果遇到问题，你更愿意自己想办法，而不是向朋友们求助。不错，你很有独立性。

选择C：你很聪明，也很外向，遇到问题，完全可以靠自己的力量解决。

跟爸妈要和谐相处

与生活过分较劲，

生活的乐趣就被压榨得所剩无几。

无论面对多么糟糕的烦恼和痛苦，

你都应该掌握主动权。

签字就像过"鬼门关"

我长相不帅也不丑，成绩不好也不赖。但我是一个不服输的人，每天都在寻找提高成绩的"灵丹妙药"，每天也都在刻苦努力着，可是，我的成绩还是一般般。

我对"功夫不负有心人"这句话的哲理性产生了极大的怀疑。

真正让我烦恼的是，让家长在考试卷子上签字，对我来说，这简直就是在过"鬼门关"。

在语文第一单元测验卷的右上角，"89"分正懒洋洋地伸着一条大长腿。

我拿给妈妈签字时，妈妈的脸拉得长长的，直接把卷子甩给我爸："才考这么一点儿分，我懒得签，还是你来吧。"

正在看球赛的爸爸，不耐烦地接过来一看，刚才因看球极度兴奋的脸，一下子变得非常愤怒："就允许你这一次，下次再不给我拿回个 90 分以上，哼，看我怎么收拾你！"

为了不招惹他现在就收拾我，我规规矩矩地、飞快地把笔递了上去，等他大笔一挥。看着他的大名在卷子上龙飞凤舞地闪亮登场，我心里暗暗松了一口气。

为了将考试分数提高到 90 分以上，我算是勤学苦练了好一阵子。

终于盼到了语文第二单元测验，结果却令我大失所望——分数还是在原地踏步。

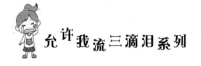
我只好垂头丧气、战战兢兢地等着被老爸"收拾"。

回到家里，我就一头扎到书桌上，不是写就是算，不是读就是背；到叫我吃饭的时候，我又赶紧夹了好多有营养却平时不爱吃的青菜。吃完饭后，我又赶紧给爸爸倒茶，帮妈妈收拾餐桌，让爸爸妈妈好一顿夸奖。

其实，我就是想尽量表现好一些，来减轻我低分的"罪过"。

夸归夸，我所做的这些，并没有感化爸爸妈妈。他们夸奖我懂事之后，又重重地加上一句："其实，我们也不稀罕你做这些，我们稀罕的是你的高分数！"

真是哪壶不开提哪壶呀，我的心在颤抖。

没办法，顶着内心的巨大压力，我还是磨磨蹭蹭地把考试卷拿出来，我就像一个猎物，主动把手中的枪交给猎人一样。

果然不出所料，妈妈双手叉腰，怒目圆睁，一连串尖酸刻薄的话全都排山倒海似的冲我而来：

"笨呀你！蠢呀你！白痴呀你！天天吃这么多有营养的东西，怎么就考不出好成绩来？你还有没有用啊？考这点儿分数，还有脸拿回来让我签字……"

再看看我爸爸，脸都气成猪肝颜色了。为了发泄他内心的愤怒，他抬起那只穿着44号鞋的右脚，照我屁股就踹了一脚。

唉，屁股疼还是其次的，最疼的是我的心啊。我真是灰心到了极点。

每次让他们签字就像做一场噩梦一样，而且这噩梦还没有醒来的时候。因为我的成绩，不管是语文还是数学、英语，总是在80多分转悠来转悠去。

我真盼着有一天突破80分大关，冲进90分，直至100分，那签字关对我来说就不会是"鬼门关"了。

小苦瓜　男生　六年级

情绪涂改液

亲爱的"小苦瓜"：

可以看出，你非常懂事，知道去努力改变自己的处境，尽管收效不大；知道体谅老爸老妈的心情，尽管他们被分

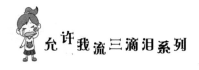

数迷住心窍，还没有发现你非常可贵的一面……

考不到高分，可能是因为知识掌握得不扎实，或者是粗心大意，会做的题也因为丢三落四而失分。你可以采取"脚踏实地"的战术，把所有的考试卷子整理到一起，静下心来，分析每次考试为什么会失分。

如果因为不会做，那就说明上课还有没搞懂的内容，这些内容积少成多，一环扣一环，就成了前进路上的绊脚石了，那么你一定要及时向老师请教，赶紧把这拖后腿的石头搬开哦。

如果是看着题很眼熟，但却不能全做对，那就说明你对知识掌握得不牢固，你一定要把学习过的内容牢牢搞定哦。

另外，做完题后，不要推到一边就不管了，而是要仔细地再检查一遍。会"检查"也是学习上的一大能力，千万不能用一句"马虎了"，就把自己的过错给打发了。

做好这一切的工作，你也就向理想目标迈进了一大步。

你可以把你所做的、所想的都告诉爸爸妈妈，让他们明白，要想提高学习成绩，光靠用功、光靠打骂是没用的，重要的是方法上要对路子。

你改变了学习方法，再经过一番努力，我相信你的爸爸妈妈也一定会改变对你的"管理方式"的，那么，对你来说，签字，也就不再会是什么"鬼门关"了。

♛ 成长小测试

必须要吵架吗

与同学闹点儿小别扭时，很难分出谁对谁错，有时退让一点儿，倒能让友谊更加美好。遇到矛盾时，你是靠吵架来解决的吗？测试并听听建议吧。

1. 见到同学，你喜欢先打招呼吗？

A. 喜欢。

B. 不喜欢。

2. 无聊时，你喜欢找同学疯闹吗？

A. 喜欢。

B. 不喜欢。

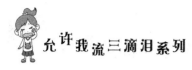

3. 你是一个小大人儿似的孩子吗?

　　A. 是的。

　　B. 不是。

4. 朋友迟到时, 无聊的你, 会耐心地把报纸再看一遍吗?

　　A. 不会。

　　B. 会的。

5. 当同学的话语伤害你时, 你会选择沉默吗?

　　A. 会的。

　　B. 不会。

6. 假如你被幽禁在一间小房子里, 你会选择什么逃生方法?

　　A. 请求对方放你出去。

　　B. 将进来的人打晕, 然后逃出去。

选择结果分析

选择A项多于B项的人: 性格比较随和, 遇事能容忍, 甚至委曲求全。事实上, 有时在吵架过程中, 可以掌握表达的技巧，不要一味迁就别人。

选择 B 项多于 A 项的人：一旦吵架，会失去理智，吵得很凶，会把小小的冲突升级为战争。发现缺点并及时改正才是正道哦。

选择 A、B 项相当的人：比较固执，谁对谁错一定要分清，结果会越吵越猛。其实，只要站在对方的角度上考虑问题就可以了。

挨骂候选人

　　最近，也不知怎么回事，常常因为一些鸡毛蒜皮的小事，我的妈妈就会把我骂得要死。

　　就说昨天吧，我好声好气地对她说想买本书看，她却说："买书不用花钱啊？你就知道看没用的书。肯定又是买幽默笑话啊、脑筋急转弯啊什么的，一点儿都不知道珍惜钱，你以为爸爸妈妈挣钱那么容易啊？"

　　我对妈妈说："我不买那些书，我要买……"

　　我的话还没说完，马上就被妈妈打断了："我给你买的那些辅导书，你又不看，净想着看课外书。"

　　我嘟囔道："家里的书，我都看完了，我想买本《毛泽东传》。"

妈妈根本听不进去，反而顺势把我骂了一通："你就知道顶嘴，看书多了有什么用啊。除了顶嘴，你还会干什么？好的不学，就学坏的……"

唉，真是烦人啊，买书钱没要来，反而招来一顿臭骂。

什么"顶嘴"啊，什么"好的不学，就学坏的"啊，如果不反驳的话，就得蒙受这种不白之冤；如果反驳的话，肯定又被臭骂一通。

总之，我得随时准备挨骂。换句话说，我就是一个挨骂候选人。

我妈是不是早早就进入了更年期？

上个月的一天，我和同学去游泳，被太阳晒得黑不溜

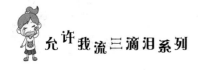

秋的。

回家后妈妈先把我臭骂了一顿，接着就满大街地到处说："你看你看，小帅帅（我的乳名）就是不听我的话才晒得这么黑的，大热天的，不让他出去晒，他非不听，这下可好，晒成了个黑煤球。"

天啊，看样子妈妈巴不得让全世界都知道我因为游泳晒黑了。

还常常发生我被冤枉的情况，举一个小小的例子吧。

上次外公来我家，说起小舅结婚摆喜酒的事，请我们全家去，请帖上写的是 10 月 6 日，我说是星期六，可外公执意说是星期日，我们俩各执一词，便吵（当然不是吵架的意思）了起来。

这时，妈妈大喝一声："别跟外公吵了，外公说是星期日，就是星期日！"

当着那么多人的面，我尴尬得要死。

很不服气的我，事后就查了日历表，结果那天就是星期六啊。

我就更加不满了，对我妈说："那天明明是星期六，干吗非要说成是星期日？"

妈妈竟比我还来气："你小小年纪就会和长辈顶嘴，当着那么多人，你就不会让着外公一点儿吗？"

这话真令我万分生气啊！难道为了让别人有个台阶下，就不让我坚持真理吗？

这样的例子，实在太多太多了，我说的这些只不过是茫茫大海中的一滴水而已。我实在受不了了，才给您写信诉苦。

人生不如意啊！

小帅帅　男生　三年级

情绪涂改液

亲爱的"小帅帅"，读着你的来信，我可是从头笑到尾，呵呵，你真是可爱极了！

尤其是当我读到最后一句"人生不如意啊"这句话时，立刻将大笑变为狂笑了！

经历这些鸡毛蒜皮的不如意，小小年纪的你，竟然发出"人生不如意"的感慨，嘿嘿，你也太有才了！

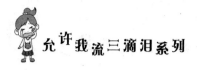

说你可爱，是因为你有很多优点，比如酷爱看书，遇事很认真，不愿与妈妈耍脾气……

尤其是文笔超好：在表述你与妈妈的矛盾时，非常真实，非常客观，非常……呵呵，非常有文采，这对于一个三年级的小孩子来说，真的很不容易哦。这大概也是因为你喜欢看书的原因吧？超隆重地表扬一下。

据我"诊断"，你的烦恼都是小烦恼，对妈妈稍稍多一点儿理解，你的烦恼就会烟消云散。

比如"买书"一事，从你描述的"对话"中可以看出（不知道你捕捉到没有），你的妈妈并不是真的反对你买书，她经常给你买教辅书，就是证明她在给你买书上，还是很舍得花钱的。只不过，她不想让你把钱花在买那些幽默笑话、脑筋急转弯之类的书上。

也许是妈妈太忙，又为你的学习焦虑，才让你觉得她早早进入了更年期。

理解了妈妈，就知道如何讨要买书的银子了吧。

一方面要给妈妈"洗脑"，让她知道，要写好作文，只看教辅书是远远不够的，必须要博览群书，就像每天的营养要全面，才能健康，这是一样的道理。

另一方面，就像你表态的那样，不买幽默笑话书和脑筋急拐弯书了，而是要买像《毛泽东传》（呵呵，选的书真是与众不同啊，再赞一下）那样的书了，看这样的书，对孩子的成长大有好处呃。

妈妈挣钱真的不容易，如果只舍得买教辅书，不舍得买课外书的话，你也可以用自己攒的压岁钱买啊，也可以帮助妈妈做家务，让妈妈奖励你银子去买书啊。

或者办个借书证，到图书馆借阅图书，也是一个不错的选择。

再说那个"晒黑"事件。晒黑就晒黑吧，只要妈妈兴致勃勃，那就满大街说去吧，反正黑点儿也不丢人。或许妈妈正间接地向别人显摆自己的儿子很健康、很会游泳呢！总之，在妈妈眼中，自己的儿子总是最帅的。

唉，天下那些含蓄的妈妈，都是一个样儿。想夸儿子，又不好意思直接说，只好正话反说了，这多容易让人产生误会呀。

对于外公的那个"星期日"事件，我赞同你妈妈的做法哦。呵呵，你的妈妈，可真是一个孝顺的女儿啊。

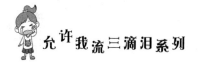

我也很赞同你的做法哦，星期六就是星期六，星期日就是星期日。男子汉做事说话，就得一是一，二是二。

可是……可是，类似这样的事情，也得具体情况具体对待嘛。

如果是某年某月某日，要做一件非常重要的事情，那么，你一定要认真地查对日期，以免误了正事，这可是有责任心的表现。

如果外公算错了日子，又固执地不改，那就随他去好了。大孝女妈妈说让着他就让着他呗。年纪大了，就会像小孩子一样爱较真儿。再说了，不就是去吃喜酒嘛，到了星期六，大家一起出发，高高兴兴地就 OK（可以）了。

说到这里，我又一次笑倒。

呵呵，亲爱的帅帅，乖巧聪明的你，和你那不断地找理由拒绝给你买书的妈妈，还有你那固执的外公，真是太可爱了！

如果你也像我这么想的话，如果你也觉得他们很可爱的话，你会惊喜地发现，妈妈的更年期已经过去了，或者压根儿就没来临，你的烦恼也早已抛到太平洋了。

👑 成长小测试

你和爸妈有多亲密

如果你的爸爸妈妈"好心办了坏事",给你添了很多麻烦,但他们的出发点是为了帮你,你会怎么做?

A. 没什么大不了的,根本不当回事。

B. 还是要感谢爸爸妈妈的帮忙。

C. 和爸爸妈妈大吵一架。

D. 和爸爸妈妈一起去解决造成的问题。

选项分析

选择 A:说明你活泼开朗,大大咧咧,待人宽容,不喜欢斤斤计较,和爸爸妈妈的关系很融洽。

选择 B:说明你习惯和爸爸妈妈保持一定的距离,一切问题都要自己扛,所以显得心思很重。

选择 C:说明你说话直率,不会绕弯子。和爸爸妈妈虽然没有隔阂,但有时伤了爸爸妈妈的心,自己还没觉察到。

选择 D:说明善良随和的你,遇事很会考虑爸爸妈妈的感受,但又会积极地去面对问题、解决问题,而不是抱怨与指责。不错,继续加油!

爸爸听我说

赵静阿姨，我现在终于知道什么是压力了。

在四年级以前，我是班里的尖子生，老师看重我，同学喜欢我，家长也为我骄傲，而且我的竞争对手少，成绩是拔尖儿的。

可自从升入五年级后，我们重新编排了班级，我发现我遇到了从未遇见的竞争对手——新班的同学。他们的成绩也非常拔尖儿，又有很多我没有的特长，比如能歌善舞、能写会画，而且他们比我学习更好。

老师很快喜欢上了他们，有了新的器重对象，自然把我这个小呆瓜冷落到一边去了。

原班的同学，都分散到各班去了，我也很少见到他们，

而在这个新班里，有百分之九十的人我不认识，他们也都不跟我玩，呜呜……

现在，我的成绩直线下降，从经常得满分，到只能考七十几分。

一直对我宽松管理的爸爸发现这个情况以后，开始对我进行魔鬼式训练。

我每天都要完成两套数学题，要背一篇英语课文，要做一套语文综合试卷……

不准看电视，不准听音乐，不准玩电脑，不准下楼玩儿……

每次做完作业，爸爸都要检查，错一个字，就要挨打

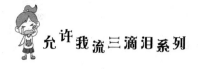

受罚。

每天，爸爸都要检查完我的作业，盯着我改完错，我才能去睡觉。所以，每天我都要到晚上十二点才能爬到床上去，早上又得六点起床去上课。

因为睡眠不足，我昏头昏脑，老师在课堂上讲的内容，根本就没有听进去，作业自然错误百出，结果我的脸被打得青一块紫一块，好痛！

我也找爸爸谈过话，可他的话让我大所失望。他对我说："别人教孩子学习，是轻声细语的，可我不会，因为，在我们这个家，我只能对你暴力教育。为什么呢？因为你现在成绩不停下滑，还很懒，我必须打着你学，你才能考上清华北大。"

我也向妈妈求救过，没想到她竟然也把我狠狠地教训了一顿，我委屈极了！

您有什么办法啊，赵静阿姨，您说我该怎么办啊？

wang178489　男生　五年级

👑 情绪涂改液

亲爱的 "wang178489":

看了你的来信，我心情很沉重。当初这么一个优秀的好孩子，我说的是至少在学习上这么优秀，现在怎么会变成……变成了这个样子？

仔细分析你的诉说，就不难发现，事情没有你想象得那么严重。

首先，上了五年级后，在强劲的对手面前，你飞快地失去了自信，而自信一旦失去，你就会变得自卑起来，处处猜摸别人的心思，时时看别人的脸色。

其实，想当初，你被老师看重，被同学喜欢，被家长骄傲的时候，别的同学也会有像你现在的想法。所以，有时你认为老师冷落你，这或许只是你的假想而已。

再说了，到了一个新班，新同学对你的过去一点儿也不了解，怎么会因为你学习成绩下降而不理你了呢？同学们都不和你玩，试问，你想着去找同学们玩了吗？为什么非要被动地等着别人找你玩呢？为什么自己不能主动一点儿呢？

说到这里，你一定知道该怎么做了吧。

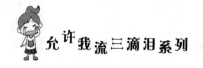

先主动发展一个你觉得能谈得来的朋友，然后，把他的朋友也变成你的朋友，于是，你的好朋友，就像滚雪球一样，越来越多了。

把竞争对手变成伙伴，共同进步。他们比你会学习，你就观察他们，向他们取经，你也可以把自己好的学习方法介绍给他们。

不要在意老师对你的态度，而是要在意你自己的表现。

不过你这位爸爸的做法实在是令人失望。你成绩下降，除了打，就没别的招数了吗？在这之前，孩子学习成绩好，难道就是打出来的吗？难道每一位清华北大的学生，都是打出来的吗？

其实，升入五年级以后，你的成绩滑坡，爸爸开始管教你，这些都是他爱你的表现。

工作再累，他也会帮你检查作业，只是他管教的方式和方法太简单粗暴了。

你能鼓起勇气和妈妈沟通，这一点我非常欣赏。但是，仍然没有收到成效。在这种情况下，你也可以向老师寻求帮助，把你内心的需求、烦恼和痛苦，都告诉老师，请老师做爸爸妈妈的思想工作，让他们明白一个道理：要想让孩子进步，并不是一双挑剔的眼睛、一张抱怨的嘴巴，或者暴力教育就能达到目的的，而是一对站在他的背后，与他分享快乐、帮他解决困难、像朋友一样的父母才能办到的。

你还可以求助于爷爷奶奶、姥姥姥爷，请他们和爸爸妈妈聊一聊，让爸爸妈妈明白你现在所承受的心理压力。

如果爸爸妈妈理解你，并能给你提供具体的帮助，那么，那曾经其乐融融的生活，很快就会重新回到你的身边。

成长小测试

你任人摆布吗

遇到问题时，你是非常有主见，还是对别人的话言听计从？对于你做出的决定，你是更加注重自己的真实感受，还是每次总被他人所左右？做做下面的测试，给自己"号号脉"吧。

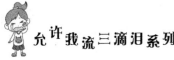

1. 你嘴上虽不说，但内心总会看不惯很多事情。

　　A．是。　　　　　　　B．不是。

2. 总是有很多同学向你诉说内心的烦恼。

　　A．是。　　　　　　　B．不是。

3. 你受不了别人总是给你提意见、出主意。

　　A．是。　　　　　　　B．不是。

4. 当大家合作一件事情失败时，你总是会找各种理由为自己开脱吗？

　　A．是。　　　　　　　B．不是。

5. 无论干什么，你总是追求完美。

　　A．是。　　　　　　　B．不是。

6. 潜意识里，你总是认为自己与众不同。

　　A．是。　　　　　　　B．不是。

7. 你不喜欢独立完成某一事情，总是想找个搭档，内心才会感到踏实。

　　A．是。　　　　　　　B．不是。

选择结果分析

选"不是"多于"是"的人：你遇到问题时，容易相信他人，也因此更容易受他人影响；你愿意与你信任的人分享自己的秘密；别人的看法能左右你的决定。任人摆布指数为四颗星。建议你分享秘密要看准对象，这样能免受伤害；遇事要多角度思考，重在自己的内心感受。

选"是"多于"不是"的人：你崇尚自由，只想做自己想做的事，说自己想说的话，不愿任人摆布，不愿鹦鹉学舌，不愿接受任何人的命令，自有笑傲江湖的为人准则。任人摆布指数为一颗星。建议你做任何决定时，都要少冲动、少任性、多理性。

"贪心"老妈

赵静老师，我想跟你说说我最烦的事，就是考试分数，因为我的家长把考试分数看得很重。

有一次，我语文考了 95 分。我心里不怎么满意，于是迈着沉重的脚步，走在回家的路上，想起妈妈那严厉的目光，我更是提不起精神。

回到家后，还没等我说话，妈妈就问了："玉儿，语文分数下来了吗？"

"下来了。"

"考得怎么样，快说说，到底怎么样呀？"妈妈急切地问。

"还可以吧。考了……考了……考了 95 分。"

爸妈不是我的监工

妈妈说："你语文为什么总考不到高分？你看人家陈哲，为什么总能考高分呢？你又不比人家缺个胳膊少个腿的，你又一点儿不比人家笨，为什么总不如她呢？"

"妈妈，别烦了，您已经说了 N 次了。"我不耐烦地打断她。

妈妈说："你要是考好了，我不就不烦你了嘛！你要是别人的女儿，要我烦，我都懒得烦。"

我说："妈妈，不要说了，我下次努力，还不行吗？"

妈妈瞪了瞪我，甩给我一句话："下次考试，希望你能给我拿个高分回来！"

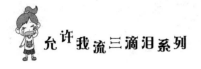

还有一次，我数学考了 99 分。就因为忘记写一个单位名称被扣掉一分，我很难过。回到家后，我对妈妈说："妈妈，我这次数学考试考了 99 分。"

妈妈心急如焚地问："那一分是怎么扣的？"

"我忘记写单位名称了。"

妈妈说："为什么忘记了呢？如果不忘记的话，不就 100 分了吗？"

我看着妈妈，说不出话来。

"哎呀，你这个丫头，粗心大意的，我真没好话说你。"妈妈愤然说道。

那再说说考 100 分的情景吧。

有一次，我的语文考了 100 分。我迈着轻快的步伐往家走去，真希望快一点儿向妈妈报喜。

回到家，我高兴地对妈妈说："告诉您一个好消息，我语文考了 100 分。"

"真的吗？你真的考了 100 分，不会是我听错了吧？"

"真的，我考了 100 分，您没有听错。"

妈妈这才说道："不愧是我的好女儿，真棒呀！但是不要骄傲，继续保持，可得记住了——保持！"

说起这些，我真是挺烦的，妈妈的"满分"期望，压得我有点儿喘不过气来。请您给我支支招儿吧，怎么对付这么一个"贪心"的妈妈？

玉吉　女生　四年级

情绪涂改液

亲爱的"玉吉"：

读着你的来信，我也被狠狠地烦了一把。我相信，谁看了都会有这种感觉。

随着考试分数的越来越高，心里怎么一点儿也高兴不起来，而压抑感，却越来越占了上风呢？再说了，谁愿意在批评声中长大呀？

其实，你的这种烦恼，恐怕好多同学都有，因为他们也有"望子成龙、望女成凤"的爸爸妈妈，其实我们要理解爸爸妈妈的一片苦心啊。

从信中看出，你正处在无可奈何的软抵抗阶段，时间

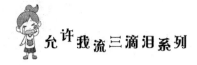

一长，我真担心你会对父母逐渐产生对抗情绪。怨他们、讨厌他们，然后拿自己的自暴自弃来惩罚他们，结果两败俱伤，这绝不是危言耸听。

我觉得要解除你目前的烦恼，方法有很多种。

你和妈妈来个"换位思考"。就是把你和妈妈的位置互换一下，把做女儿的位置暂时让给妈妈。你要让妈妈真正体会到：经常拿自己的短处和别人的长处比，总是在批评声中长大的孩子，心里有多么的压抑，自信心会连遭打击。而一个没有自信心的孩子，长大以后也不会有大出息的。

你告诉妈妈，如果考试分数不能让妈妈满意，仅靠抱怨、烦恼，是解决不了任何问题的，最要紧的是赶快查找原因，然后对症下药。

当你因为漏写一个单位名称而失去一分，而这一分又让你很难过时，我想，不用妈妈批评，相信下次你也不会再犯同样错误的。

不过，如果你连续犯了同样的错误，那对于妈妈的批评，你可要洗耳恭听哟。

如果考试中因为不会做而失分，你也可以和妈妈一起分析，是因为平时基础知识没掌握牢，还是难度比较大？

如果是知识不牢固，那一定要认真听讲，做好课后复习；如果是难度大，那要尽快把这道难题解决掉，不能放任不管，留有"后患"。

亲爱的玉吉，你的妈妈只是求高分心太切，对你无意中施加了"心灵"压力，所以你一定要让她知道你的真实感受，取得她的理解。一旦妈妈理解你了，你的烦恼也就会随之烟消云散了！

👑 成长小测试

心情也会经常"感冒"

由于心情郁闷具有普遍性，所以经常会被忽略。如果你在生活中出现了以下困扰，就一定要警惕了，可能是心情郁闷在作怪。也就是说，你的心情"感冒"了。

1. 老是莫名其妙地烦恼。

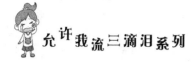

2. 除了愁眉苦脸地想心事，什么都不想干。

3. 感觉脑子总是比别人慢半拍。

4. 当一件事办砸了以后，老是把责任往自己身上扯。

5. 学习效率下降，听课时精力不集中。

6. 偶尔有点儿响声，就能被吓一跳。

7. 觉得身体的各个部位都不舒服，但又查不出问题。

8. 没有食欲，或者依靠暴饮暴食来发泄愤懑。

9. 不再注意衣服和发型，脏了乱了也懒得管。

选择结果分析

如果以上情形出现五个及以上的，证明你的心情的确"感冒"了。要抓紧时间调整哦，赶快让自己阳光起来！

第三章

让自己的内心强大起来

如果你试着取悦每一个人，

你将会失去自己。

在成功以前，

不要过分强调自尊。

"女魔王"的忧伤

赵静阿姨，不知道您还记不记得我，我以前给您写过一封电子邮件，我一直问您这样怎么办，那样怎么办，呵呵，我现在又遇到难题了，希望您能指导我解决。

我的难题就是，只要我犯了一点儿小错，我妈就骂我打我。

她骂得可难听了，我非常难过。虽然之后她都会向我道歉，但以后如果我又犯了小错，她又打我骂我。

我知道她是为我好，可是她骂得真是太难听了，真的很伤我的自尊啊！

昨天晚上，我就特别委屈。

昨天留的作业特别多，晚上九点多了，我还没有写完。

妈妈指着钟表，就开始呜里哇啦了："你就知道磨蹭，每天都拖拖拉拉的，是专门来惹我生气的吗？我告诉你，你上课肯定没有好好听讲，要不作业怎么做这么慢。瞧瞧，你这写的是什么破字啊？蜘蛛爬的吗？你看看人家王子扬（我的同桌）多有出息，就你这样，只长年纪不长能耐，你怎么这么不上进啊……"

唉，她就是这样，一点儿也不给我解释的机会，张口就骂，我真是痛苦死了！

更痛苦的是，每天早上，不是因为起床慢了一点儿，就是因为吃饭慢了一点儿，总之，我妈那双"鹰眼"，总能挑出我很多的错，然后，将我劈头盖脸地大骂一通。

比如，今天早上，我背好书包、换好鞋后，准备下楼，可是，我临时又想上厕所，于是，我妈又开始骂了："死丫头，你不知道我擦个地有多累吗？换了鞋还不赶紧走，又折回来上厕所，你还有完没完啊……"

每次妈妈骂完我，我都会偷偷躲在没人的地方哭泣，我知道她是为我好，可是，为什么就不能好好地说呢？

我也鼓起勇气和妈妈交谈过很多次，妈妈的认错态度

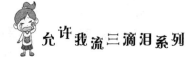

也非常好，但是，当我犯错时，她对我仍然是又打又骂……

她骂完我，打完我，又总是会向我道歉，总是说打是亲，骂是爱，她也是为了我好。

刚开始时她这么说，我也挺感动的，可是时间长了，她打我的次数越来越多，骂的话越来越难听，我的心都碎了，我对她的"亲"和"爱"，除了痛苦外，越来越没感觉了。

有时我就想，她到底是为了我好，还是为了她的心情好？因为她每次狂暴地打完我、骂完我，情绪就平静多了。

我最近看了您写的小说《笑容女王蔡波波》，真是写到我的心里去了，如果我妈能像您那样理解我们小孩子的心就好了。

我买了两本书，《出逃一天》和《百分百小美女》。特别是《出逃一天》，我觉得特别好看。蔡波波有点儿像我，我有时候也特别想离家出走，特别，特别……

唉，这样的日子，哪有个头儿啊？赵静阿姨帮帮我，我该怎么做呢？

小溪林　女生　五年级

👑 情绪涂改液

亲爱的"小溪林"，你都是五年级的学生了，而且还是个女孩子哦，这么被妈妈又打又骂的日子，实在过得很凄惨！

通过你的描述，我非常同情你的生存处境：妈妈不停地挑你的毛病，然后打你骂你，让你毫无做人的尊严。

值得欣慰的是，妈妈能放下"大人"的面子，向你道歉，只不过，道歉完了，该怎么打还怎么打，该怎么骂还怎么骂。

当小孩子是她手中的玩具吗？高兴的时候抱在怀里，

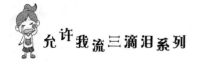

不高兴的时候拿它出气？

唉，我也有点儿生气了，天下还有这样当妈的？整个一个"暴力女"嘛。

可是，"暴力女"也有温柔的时候啊，比如向你道歉的时候。我猜想，她不是生气地吐出三个字"对不起"，而是像你所说的那样道歉："对不起啊，妈妈这都是为了你好！"

"有时我就想，她到底是为了我好，还是为了她的心情好？"呵呵，你这句话，就把父母常说的话"都是为了你好"给颠覆了哦。就冲你这么有思想，我也赞你一个。

我还想赞你的是，为了改变自己的处境，你做出了很多努力，尽管效果不太好。

忍住内心的委屈，找妈妈谈心；买自己喜欢的书看，以此来排解苦闷……

效果不太好的根本原因是，你只想改变妈妈，却没有想到改变自己。

有哲人说了嘛，改变不了别人，那就改变自己。

妈妈打你骂打，其实，都是一些鸡毛蒜皮的小事，而且就像你所说的那样，你犯的都是一些"小错"。

如果你尽量不要犯一些低级错误，或者犯重复性的错误，那你挨打挨骂的次数，不就减少很多了吗？

首先，趁着妈妈心情好的时候，你可以不向她表达委屈的心情，而是和她达成一个口头协议，或者书面协议：你向她保证十五分钟吃完早饭，晚上保证一小时完成学校布置的作业；要妈妈向你保证，你只要做到这些，她就不能打你骂你了。

其次，收起你的眼泪，绽放你的笑容。

如果哪次一不留神又犯错了，你就趁妈妈还没开打开骂之前，赶紧搂着她说："好了，好了，我知道错了，下次不这样了！"做一些解释，并立即改正。这样，就能把她的怒吼给堵回去了。

哦，对了，有时候想做什么事情，别做完了再解释，而是在做之前就先解释，那样效果就会完全不一样了。

比如，你换完鞋后，又想折回来上厕所，你可以一边往厕所跑，一边不好意思地对妈妈说："天啊，早上多喝了一点儿水，我可不想被憋死！我以后帮你擦地……"你

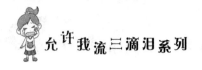

这么一说，妈妈顶多冲你翻翻白眼，哪里忍心骂这么乖巧的女儿？

"我有时候也特别想离家出走，特别，特别……"这个想法打住，打住！难道你没看到蔡波波离家出走后的悲惨下场吗？你得向蔡波波学习，花点儿小心思，学做一个会学习、会生活的阳光小女生。

成长小测试

怎样对抗不良情绪

在生活中，被人误解或被人挑剔时，人的心情都会很糟糕。那么，你是怎样对抗这种不良情绪的？试做如下选择：

A. 先不说话，只是动用大脑回顾一下事情的来龙去脉。

B. 内心忐忑不安，甚至晚上因此睡不着觉。

C. 坚信自己没有错，但有时也难免沮丧。

选项分析

选择 A：你遇事比较冷静，应对从容。

选择 B：你比较自卑，容易放大自己的弱项。

选择 C：你在寻求解决办法之前，比较情绪化。

被毁的秘密基地

妈妈，在您面前，我不敢大声说话，也不敢活蹦乱跳的，而我在学校可是活泼开朗的呀。这是为什么呢？那是因为您根本就不理解我！

妈妈，记得有一次，我拿着好不容易才做好的一只米老鼠风筝给您看，您却三下两下把它撕成了碎片。您知道吗，为了做这只米老鼠风筝，我付出了很多心血，这是我花了三个星期才做成的！当一只活泼可爱的"米老鼠"出现在我面前时，我的内心是多么的激动，多么的兴奋啊！我迫不及待地把它拿给您看，而您……您却将它撕成了碎片……

妈妈，您总是把 95 分以上看得那么重要。

记得有一次，我考了 99 分，您带着满脸的微笑给我买这买那，可有一次我考了 93 分，您就使劲地责备我……

您生气时，五官就紧急集合，对我大吼大叫，把我当作您的"出气筒"，那滋味可真不好受呀！

一个星期下来，我已经够累的了。周六日时，我想出去玩玩，可您却坚决反对。我斗不过您，无奈之下，只好投降——乖乖地待在家里。

妈妈，您不但不理解我，而且还闯入我的"秘密基地"——我的房间，把我的宝贝——各种玩具小制作，通通扔进了垃圾箱。

那天，我哭得好伤心，好伤心……

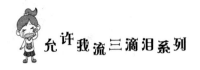

妈妈，您不是有一个"魔箱"——保险柜吗？您告诉过我，里面藏着您美好的童年趣事。那么妈妈，也请您理解一下我，给我一小片自由的天地，让我在那里憧憬美好的未来……

小泪人　女生　五年级

🜲 情绪涂改液

亲爱的"小泪人"：

展开你的信，我发现上面满是刚干的斑斑泪痕，弄得我的心如吸满了水的海绵，沉甸甸的。

你妈妈居然还有一个"魔箱"，而且里面珍藏着的不是大把大把的钞票，而是她一件件童年的"趣事"。

知道你妈妈这个秘密后，我忍不住乐了。

你可千万别以为我的快乐是建立在你的痛苦之上，我可是找到了对付你妈妈的三件"利器"了，擦干眼泪，听好了。

"利器"一：以柔克刚。找个空闲时间，趁着妈妈心情好的时候，哄她打开那个"魔箱"，一起欣赏她那视为宝贝的小物件。

当你好奇地看来看去时，妈妈一定会情不自禁地给你讲她小时候的故事。当妈妈讲得最动情的时候，该你"出手"了："妈妈，能不能也让我给自己开垦一块纯属个人的'秘密基地'呀，让我在那里憧憬未来？就像眼前的'魔箱'一样，你今天能有这么美好的回忆，还不是因为这'魔箱'的功劳呀。妈妈，你把我的风筝撕成碎片，撕碎的不仅仅是风筝，更是我对童年的美好回忆！"

"利器"二：既然妈妈的一切行动都是在听从"高分"的指挥，那么，就和妈妈一起坐下来，探讨一个"分数≠能力"的问题。

告诉妈妈，要是一味地死用功，只抓住眼前课堂学的那点儿基础知识的话，并不一定能适应以后社会的需要。你把做一些小制作的诸多好处，一一讲给妈妈听。

"心灵手巧才是巧嘛。"做手工，可以发挥自己的想象力，增强自己的空间想象力，以后学立体几何时准能派上用场；有了制作过程中的喜爱之情、构思之妙、观察之细、失败之痛、成功之甜，这么多的素材，这么妙的感悟，写作文时还发什么愁呀？

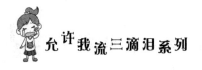

原来这小制作跟学语文、学数学，关系这么大呢！妈妈听了你详尽的分析后，保准会感叹之余，"心动"起来。

"利器"三：未来社会将是一个竞争非常激烈的社会。对此，妈妈一定是深有体会的。出去都玩了什么，比如玩了哪些益智的游戏啊，与小伙伴如何合作啊，如何有意识地锻炼自己各方面的能力啊，这些都可以不厌其烦地讲给妈妈听。她对你的想法了解得越清楚，就会对你越放心、越放手的。

总之，伤心流泪、无奈赌气都是没用的，一定要智取，那就是沟通。试试这些"利器"吧，相信你一定会"斗"得过老妈的。

成长小测试

你是个幻想大王吗

幻想是小孩子的天性。有了幻想，孩子才有机会把它变成现实，这样的生活才会多姿多彩，孩子才会不断地追求进步。试着做做这些题，测测你有多爱幻想。

爸妈不是我的监工

1．一有机会就对着天空发呆，有时还会独自笑出声来。

2．常常做一些惊险刺激又好玩儿的梦，醒来还回味无穷。

3．到一个陌生的地方，总是会心慌，觉得会发生什么事情。

4．计划好的事情，会突然改变主意，或萌生很多新的想法。

5．喜欢某一类型的小饰品，会经常买这种类型的，对其他类型的饰品很难感兴趣。

6．在班里，经常毫无意识地把别人的书本当成自己的装进书包，做事情的时候总是心不在焉，甚至不知道自己做了什么。

7．总感觉别人在说自己的坏话。

8．喜欢顺口给老师和同学取外号，想起什么就是什么，从不过一下脑子。

9．喜欢收集，比如邮票、表类、玩具、小插画等。

10．玩起来可以什么都忘掉，而且还没个够。

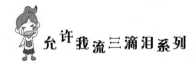

允许我流三滴泪系列

选择结果分析

题中回答"是"的为1分，回答"不是"的为0分。

0~2分：你和幻想大王无缘。你可能认为踢场球、去游泳、去爬山，总之，干什么都比傻傻地胡思乱想好。

3~5分：你不太喜欢幻想，而是喜欢和同学打打闹闹、说说话，或者一起看个电影、逛逛小店什么的。总之，你不缺朋友，当然也不会寂寞了。如果有一天，你一个人发起呆来，那一定是出了什么问题。不过还好，你会很快调整心情，恢复正常的。

6~8分：你经常发呆，准确地说，是处于幻想之中，干什么事都不喜欢成群结队，而是喜欢独来独往。但是，你并不招人烦，相反，大家还都觉得你比较好玩儿、有趣。

9~10分：你是个幻想大王，脑子里整天想一些有趣的故事，还有美丽的风景，心地也非常善良，随遇而安，不愿与人争高低。

被撒气的"受气包儿"

爸爸，您最近心情不好，我知道，但您也不能把气撒在我身上呀！

记得那天早上，我洗手的时候，不小心弄了一小摊水在洗手台上，您看见以后，就生气地把我叫了过来，指着那一小摊水说："你看你，上次刚教过你要讲卫生，这次又把水弄到洗手台上，越来越不像话了，再这样下去怎么行……"

您不停地说着，而我越听越烦，恨不得马上背起书包，冲出家门去上学。无奈之下，我只好拿着布，去把洗手台上的水擦干净。

当我背起书包正准备开门时，您又叫住了我："你这个孩子，怎么回事？刚刚和你说的，你还不改正，要我怎

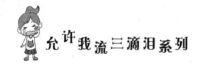

么说你才行呀！快把这些鞋子收好！"

我本想说时间来不及了，可您根本不容我分辩。我只好小心地把鞋放好，才走出家门。

还有一次，我在网上查有关环保的资料，查到后，我把它们打印出来，刚放在桌上，就听见妈妈叫我去晒衣服。

我来到阳台，帮妈妈晒衣服。这时您正好下班回来，看到我放在桌子上的资料，又不高兴地说："是谁又把东西放在桌上了？这桌子是放吃的地方，不是放纸的地方！连打印机的盖也不合上，真不像话！"

我默默地接受着您的批评，飞快地把东西收拾好，您才舒展了眉头。

可是爸爸，被您骂的时候，我的心里有多难受，您知道吗？我虽然有一些做得不好的地方，但您如此命令似的教育方法不也是一种错吗？

您就不能像对待朋友一样对待我吗？如果您天天都开开心心的，那该有多好呀！

荣灰灰　男生　四年级

♛ 情绪涂改液

亲爱的"荣灰灰"：

读着你的信，我也好烦哦。嗯，当然不是烦你喽，而是为你烦啦！

那就让我们来做一回心理医生吧，先分析分析你爸爸为什么会这样。

从信中可以看出，你爸爸最近心情不好。所以，在最近一段时间里，他看你时，可能事事都觉得不顺眼，甚至一点儿鸡毛蒜皮的小事，也能招致他喋喋不休地教训你。

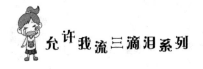

但是你不知道，他教训完你以后，也许心里会更烦的，也可能会对你生出愧疚之感，烦自己当时没法控制自己的情绪。

看得出来，你爸爸是一个在生活上非常讲究条理的人，这应该是他的优点哦。

对这样一个令人烦恼的老爸，我们可不能与他大吵大闹，那样会火上浇油的，可以采取一些"可爱"的方法嘛，这叫作"以柔克刚"。

当爸爸心情好一点儿的时候，学着他的样子，假装对他横挑鼻子竖挑眼的，然后采访他，问问他感受如何。或者和他好好谈谈，把你自己排解郁闷的方法告诉他，他一定会被你的贴心所打动的。

当爸爸心情不好时，你和妈妈可以商量好一个暗号，打手势、挤眼睛都行，让她提醒你要注意哪些事项。这样，你做事也会变得仔细一些啦。

更重要的是，提高自己的自理能力，把用过的东西放回原处。按轻重缓急先把一件事情做好以后，再去做另一件事情，根本不给爸爸教训自己的机会。

按照上面的方法去做吧，久而久之，你会惊喜地发现，自己的学习和生活也变得有条有理、忙而不乱了。

"爸爸……你就不能像对待朋友一样对待我吗？如果你天天都开开心心的，那该有多好呀！"

要想实现这个理想，也需要你和爸爸两个人的共同努力哦。

如果小小年纪的你，能够动点儿心眼儿、花点儿心思去改变爸爸，让爸爸开开心心，那将是一件充满乐趣的事，而同时，你也就不觉得自己生活在"水深火热"之中了。

如果什么招儿也不管用的话，那就直截了当地给他一"击"："心情好的时候，您口口声声地说爱我，把我当个宝，可一旦您自己遇到了麻烦事，我在您心目中连一根小草都不如。您不能把我当作垃圾桶，把您的这些'心情垃圾'转送给我。有什么烦心事，就去想办法解决它，而不能无缘无故地朝我撒邪气！"

说完，你就赶紧"鼠窜"吧！

这样可爱的行为很搞笑，爸爸一定会转怒为"愧"的。

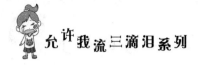

👑 成长小测试

你和朋友处得好不好

你与朋友们相处得好不好？你自己的表现如何？做完下面的测试题，你就胸有成竹了。

1. 上体育课时，有同学把脚崴了，你会——

    A. 热情地、真心地提供帮助。

    B. 同情地听他诉说，但不太想管。

    C. 找自己的朋友，让他帮助对方。

2. 和你关系都很好的同学相约去看电影，结果其中一个有急事走了，另一个同学就赶紧通知你，让你去看，你会——

    A. 把正在做的事推到一边，赶紧出发。

    B. 告诉对方考虑一下再决定去不去。

    C. 一口回绝。心想：哼，为什么一开始没想到叫我，早干吗去了！

3. 和同学在一起聊天的时候，你喜欢背后议论别人吗？

A．不喜欢，觉得很烦。

B．如果话题不伤人，讲讲也没什么。

C．我非常感兴趣。

4．想起小时候的小玩伴，你会想起——

A．一个特要好的伙伴。

B．好多个伙伴。

C．一个幻想中的伙伴。

5．放假或者星期天，你会找谁玩？

A．关系最好的同学。

B．一个人出去，期待能碰上玩伴。

C．一个人出去瞎逛。

选择结果分析

选 A、B、C 三种答案的得分分别是 3 分、2 分、1 分。

得 10 分及 10 分以上：你与朋友处得很好啊。你很善解人意，也能尊重朋友的想法，乐于助人。朋友和你在一起时，都非常高兴，非常轻松。

得 6~9 分：你与朋友处得较好。初次见面，你把自己"包"

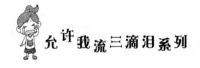

得比较严实，但是，一旦熟悉了之后，你的"本性"就会显露出来。不过还好，你品质优秀，时间长了，大家对你比较信任，朋友和你的关系也就越来越融洽了。建议你主动点儿，多表达自己，让大家能早点儿熟悉你，尽快达到融洽的地步。

得5分及5分以下：你在交朋友上有点儿问题。你不喜欢与人打交道，认为多认识一个人，就多一个负担，会让你很烦，这种心理，怎么能交到朋友呢，更别说是知心朋友了。建议你试着先交一两个知心朋友，不久，你就会发现，原来友谊也是很美好的。等尝到有朋友的甜头后，你的交友问题就不成为问题了。

第四章

有些伤害是可以修复的

泪水能为你换来同情，

却不能帮助你解决问题。

不当的容忍和迁就，

并不利于问题的最终解决，

而只会使自己陷于被动。

爸爸妈妈要离婚

亲爱的赵静阿姨，我都不知道这是第几次给您发有关"烦恼"的邮件了，因为前几次是在不知不觉中，我发现自己有点儿神经质，老是发"烦恼"的标题，可这次，我的烦恼是真的来了。

也就是说，"狼来了"的故事，不幸在我身上得到了验证。

这几天，我一直都生活在痛苦之中。我爸爸妈妈倒不像以往那样吵架、摔东西了，而是开始了令人尴尬的冷战。

这几天，他们都分居了！我和妈妈睡，爸爸睡在我的房间！吃饭也是各吃各的，妈妈做好了饭叫我一起吃，爸爸做好了饭，也叫我一起吃。

为了讨他们欢心，谁叫我，我都去吃，有时候，我都撑得快要吐了。

我实在不能忍受这种冷战了，我要让他们结束冷战。

我去问妈妈："你们都是为了什么，闹成这样？"

妈妈冷冷丢下一句："不知道！你小孩子别管这些！"

我去问爸爸，爸爸也含混过去："别管我们，你一个小孩子别管大人的事！"

天啊，为什么啊？他们怎么了？我的脑袋都快要爆炸了！

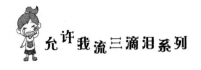

这就是所谓的隔阂？两个走到一起的人，终有一天又要分开？

夜晚愁得睡不着觉的时候，我就想，他们是不是不要我了？一想到这儿，我真的好孤独，好无助。

说实话，以前，我最烦爸爸妈妈说："学习！学习！""人不学习怎么有饭吃呢？""我这是为你好，长大你就知道了！"

现在，我真希望他们和好，哪怕他们合起伙来一起教训我。

为了不让他们分开，我就拼命地学习，努力考出好分数，想让他们开心，让他们爱我，爱这个家。可是，他们仍然冷战着，我觉得好累好累。

怎么办呢？我已经没有力气再为他们做任何事了。

眼看快过年了，爸爸妈妈这么一冷战，连过年的气氛都没了。

我真想求他们，求他们赶紧结束冷战，恢复生活的原状。冷战不好玩儿，一点儿也不好玩儿！

我不知道，结婚的人要走到尽头是什么样；我不知道，离婚时看着孩子的感受是什么样。我不知道！我也不想知道！

阿姨，您告诉我，我该怎么办？我该怎么办？！我甚至孤独到绝望。

为什么别人有幸福完美的家庭，而我却没有？

我有个好朋友，各方面都非常优秀，也非常活泼开朗，可是，前一阵子，她却闷闷不乐，一问吓一跳，原来她的爸爸妈妈也在闹离婚。她说她想了好多招儿，都不管用。当时，我也替她出了不少主意。

看着好朋友那难受的样子，我也特想感受一下离异家庭中的孩子的痛苦，很变态吧！

我从来没想到，这种不幸会落在我的头上。

此时此刻，我泪流满面。

此时此刻，我再也不敢想象爸爸妈妈离婚后的样子了。

我不要爸爸妈妈离婚，不要！不要！一辈子都不要！

阿姨，我给您写的这封信，是瞒着我爸爸妈妈的。您一定要帮我啊！

　　　　　　　　　　　　　恶魔の眼泪　女生　五年级

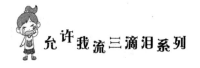

👑 情绪涂改液

亲爱的"恶魔の眼泪":

读着你的来信,那一个个大大的、无奈的感叹号,让我有点儿气短。我仿佛看到一个小女孩儿,站在寒风中,泪流满面;或者在不停地大喊大叫:"我不要,我不要!""我该怎么办?我该怎么办?!"

说真的,有时大人闹起别扭来,和小孩子没什么两样儿,甚至,还没小孩子明白事理。

我不知道你爸爸妈妈闹别扭的原因是什么,但我敢肯定地说,他们都是爱你的。也许,这句话你最不爱听了,就如同你爸爸妈妈对你说的"我都是为你好,长大了你就会知道了"。

但是,我说的目的和他们不一样。他们以爱的名义强迫你接受他们的做法,而我的目的是,让你以爱的名义,去扑灭他们燃起的战火,或者尽快结束他们之间的冷战。

你放学回家后,赶紧做一顿饭吧,哪怕是世界上最简单的一顿饭。

　　把饭菜和碗筷端上桌后，你就耐心地等着他们下班，然后把他们两个人拉到一起吃饭。

　　看到一个未成年的孩子，为了他们和好，忙前忙后的，这一对成年人，肯定不好意思再闹了。

　　你还可以求助亲人。比如，让姥姥姥爷或者爷爷奶奶装作什么也不知道的样子来串门，爸爸妈妈就会碍于面子，像没吵架一样。也许，他们会给自己一个台阶，由此和好了呢。

　　或者，把冷战的事情告诉姥姥姥爷、爷爷奶奶，让他们批评爸爸、劝劝妈妈，这样换位思考，也许爸爸妈妈心里的"冰"就会慢慢融化。

　　"为了不让他们分开，我就拼命地学习，努力考出好分数，想让他们开心，让他们爱我，爱这个家。"可见，你真是个懂事的孩子呀。只是他们吵晕了脑袋，完全忘记了这一点。

　　还有一招儿，分别找爸爸妈妈谈一谈，告诉他们，爸爸抢占了自己的"地盘"，严重破坏了自己的学习环境；爸爸妈妈的冷言冷语严重干扰了自己的心情，没法学进去，

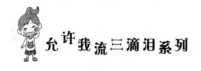

背不下课文，做题老错……总之，要想办法抢回自己的"地盘"，把爸爸赶回他自己的房间。

只要你的爸爸妈妈不是铁石心肠，只要闹的都是小别扭，我相信他们一定会被你感动，还你一个和谐温暖的家的。

如果你的爸爸妈妈之间真的有什么不可调和的矛盾，分开就分开吧。也许分开后，他们能相处得更好一些。现实生活中，这样的例子也很多。

不要埋怨爸爸，也不要埋怨妈妈。他们不是圣人，也是普通人。以前他们曾相爱过，然后走到一起，但是，后来由于种种原因他们不再相爱了，选择分开也是他们的权利。

你心中的缺憾，肯定会有的，但你一定要坚信，即使爸爸妈妈分开，他们对你的爱也一点儿不会减少，就像他们做什么好吃的都会先想着你一样。

🔅 成长小测试

你愿做个调停大使吗

当爸爸妈妈吵架或者冷战时，你会怎么做？是袖手旁观还是赶紧"灭火"？是逃离现场还是火上浇油？做做下面的测试，或许对你有所启发。

当你和爸爸妈妈一起出去吃饭时，你会：

A．拿过菜谱，或者征求服务员的意见，随便点一些。

B．不征求爸爸妈妈的意见，直接替他们点菜。

C．不发表任何意见，一切都听爸爸妈妈的。

D．先请爸爸妈妈点他们喜欢吃的菜，然后再点自己
　　喜欢吃的菜。

选项分析

选择A：你遇事比较懒，不愿多动脑子。如果爸爸妈妈闹别扭了，你不会去想办法化解，因为你根本就懒得想办法，通常是顺其自然，属于袖手旁观型。其实，这样做显得你很冷漠。不如做个和事佬，让爸爸妈妈感受到你的懂事与乖巧。

选择B：你很有主见，也很强势。在爸爸妈妈吵架时，

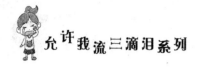

你会马上制止，如果爸爸妈妈不听劝，你会觉得没有面子，也会加入吵架的行列。建议你，清醒理智一些，避免火上浇油。

选择C：你属于摇摆不定型。当爸爸妈妈吵架时，你会偏向弱势，或者你更喜欢哪一方，就会偏向哪一方，而不考虑谁对谁错。这样做也没有什么大不了的，常言说，清官难断家务事嘛。但是，对于原则性的问题，就得有是非观念哦。

选择D：你独立性比较强，很会照顾人，很会处理问题，很容易与人融洽相处，也能为自己创造个人空间。嗯，不错，很有绅士风度，值得欣赏！

怎么应对"两面派"

妈妈，我可以说出心里话吗？

我有许多话要对您说，但我又不敢当着您的面讲，我怕您生气，所以，只能在信中跟您说。

在我一岁的时候，亲生妈妈就彻底消失了，我永远都见不到她了。现在大了，我连妈妈长得什么样子都不知道，况且家里又没有她的照片。既使我再想看看妈妈的样子，也看不到。

我读三年级时，爸爸娶了一个新妈妈，而我却一点儿也不喜欢她。刚开始，新妈妈对我很好，很舍得给我买衣服，后来，我却慢慢发现她其实很凶，而且还特爱骂人，骂起人来，一点儿也不顾别人的感受。在众多亲戚朋友那里也

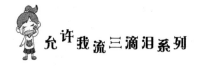

是这样。所以，后来我就很少叫她妈妈了。

记得那是在大年三十的那天，我没有叫她妈妈，她很生气，就当着我的面去质问我爸爸，还当着很多亲戚的面告我的状，害得我被大家骂了一通。

从那以后，有一些事情我根本没做错，她也要当着我爸爸的面冤枉我。

我也不辩解。因为，我一说话就想哭，我一定会哭出来的，为了不让自己哭出来，我就一直忍着。

还有一次，我生病了，肚子很疼。实在忍不住了，我就向堂姐借了一点儿钱，去开了一些药来吃。我得的是阑尾炎。

回到家后，我看见她在家里，就向她要钱，去还给堂姐。

她气呼呼地说："我没有钱，平时没什么事，你就不叫我妈，一有事就知道来找我了。过年时得的红包也不给我，全都给你爸，你为什么不去向你爸要钱呢？"

听完她说的这些话后，我哭了，心想：如果爸爸在家，我就不会向你要钱了，况且是你让我把过年得的红包全部给我爸的，说以后拿来当学费，现在，你又怎能说我不给你呢？你不能出尔反尔，这样对待我啊！

你总是跟我嚷嚷，说我不叫你妈妈，可我叫你妈妈的时候，你又是爱理不理的样子。这种两面派的样子，叫我怎样叫你妈妈？

现在，我的学习成绩在迅速下降，而且我也像变成了另外一个人似的。以前我总是坚信自己是成功的，而现在，我只想着自己失败的样子。

每当考完试，看到自己的成绩时，我就想着要怎样发奋努力，可过不了两天，就又变成原来的样子了。我到底该怎么办呢？

小可怜　女生　五年级

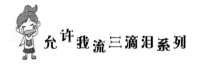

👑 情绪涂改液

"小可怜"，你不要老是一副可怜兮兮的样子哦，那样，新妈妈看着你就更来气了。

刚开始，新妈妈对你挺好的，这说明新妈妈内心还是很善良的。

没有血缘关系的人走到一起，都要有一个接受和适应的过程。在这个过程中，只有付出发自内心的真诚，才能赢得对方的心。

在现实生活中，也有不少相处得跟亲生母女一样的例子嘛。

你的新妈妈本质上并不坏，只是心眼小了一点儿。她想让你叫妈妈，说明她从内心还是渴望得到你的认可的，而且她也想在亲戚朋友面前挣点儿面子，这可是改善你们关系的基础哦。

如果你能理解到这一点，多叫她几声妈妈，也许你们的关系就不至于越来越糟。

当然，关系变糟，你的新妈妈也是有责任的。自从你发现她很凶、爱骂人后，你就不愿叫她妈妈了。越不叫她，她越生气，她总是生气，就有可能在很多地方都看你不顺眼了。

新妈妈让你把得到的压岁钱交给爸爸，以后为你交学费，说明她还是很关心你的学业的，但话到气头上，又全变味了。

嚷嚷着你不叫她妈，当你叫她时，她又爱理不理的样子。可能旁观者看得比较清楚。其实，新妈妈这种"冤枉你""两面派"的表现，还是源于你不愿叫她妈妈，她心里不舒服。

你不善于沟通，你的新妈妈也不善于沟通。两个不善于沟通的人，两颗心只能是越走越远，误会越来越多了。

不过，你发出了这封求助信，就说明你先走出了沟通的第一步，真是个懂事的好孩子！

其实，作为晚辈，多叫她几声妈妈有什么不可以呢？

当妈妈疲倦的时候，叫一声妈妈，多帮她干一些活儿；

当妈妈生病的时候，叫一声妈妈，多关心关心她；

当你考了好成绩时，叫一声妈妈，将成绩第一个报告

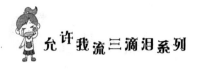

给她一起分享……

叫着叫着，你就会发现，自己的那一声声呼唤，真的是发自内心的了，自己的学习动力也就提高了。

在你真诚的呼唤中，妈妈的"脸色"会越来越明朗，心情也会越来越好。

还有，当妈妈为你做什么事情时，要学会真诚地说声"谢谢"；当自己做错什么事的时候，要学会跟妈妈说声"对不起"。

按照我说的试试吧！忘掉"后妈"的身份，试着去发现她的优点，并且真心喜欢上她。

当你真正做到这一点的时候，你的行动、你的言语中，都会流露出对妈妈真正的爱，而不是一种形式，这将会缩短你和新妈妈感情上的距离。

我相信，在点点滴滴的生活小事中，你们会感动彼此，建立起浓浓的母女情的。因为你很懂事，因为你的新妈妈也并不是一个难于沟通的人。

👑 成长小测试

可爱的人是怎样的人

初次和人见面，你说什么话、说话时什么表情、穿的什么衣服等都会给人留下深刻的印象，这直接决定着你是不是一个可爱的人，受不受大家的欢迎。

下面的测试，将有助于你知道如何成为一个受欢迎的人。如果你能明辨是非，那说明你更可爱了！答案显而易见哦！

1. 你是否经常洗澡？

    A. 再累也要洗完了澡睡觉。

    B. 明天有活动的时候才洗。

    C. 妈妈逼着我洗我才洗。

2. 你遇到烦恼的事时会：

    A. 换位思考，调整心情。

    B. 总是闷闷不乐，无法排解。

    C. 大发脾气，弄得周围的人都很不高兴。

3. 你是一个学习欲望很强的人吗？

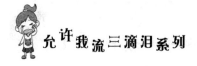

A．对，遇到难题或困难的时候，非常想赶紧解决它。

B．经常制订学习计划，但经常半途而废。

C．除了玩，对学习提不起兴趣。

4．每当碰到尴尬的场面，你都能：

A．开个玩笑，一笑了之。

B．面红耳赤，不知该怎么办才好。

C．害怕笨嘴笨舌，越抹越黑，所以就把嘴巴闭上，什么也不说。

5．当家里来了客人时，你常常会：

A．主动问好，迎接客人。

B．只有爸爸妈妈让我打招呼时我才打招呼。

C．有爸爸妈妈在呢，我什么也不用做了。

6．你打喷嚏或咳嗽的时候，有没有用手挡一下，或用纸巾捂一下的习惯？

A．经常有。

B．在难以控制的时候才会没有。

C．从来没有。

7. 你在班上的人缘好吗?

　　A. 只要我走进校门, 就有同学不断地和我打招呼。

　　B. 任何场合只要我不在, 就会有人想起我来。

　　C. 有什么活动时, 我常常被人忽略, 即使不参加,
　　　也没人会注意。

选择结果分析

　　每一小题中, 选A可得1分, 选B可得2分, 选C可得3分。

　　得7~9分: 说明你是一个非常可爱的人, 待人热情, 干净利索, 衣着也让人看着舒服。所以, 每当你需要帮助的时候, 不用你开口, 就会有人主动上前表示关心的。每当你倡导一个活动的时候, 总会得到众人积极的响应。

　　得10~14分: 说明你不招人喜欢, 也不太招人厌烦。因为你对什么人或事, 都不会表现出热情来, 不会关心别人, 更不会善解人意, 对自己的衣着外形也不太讲究, 爱什么样就什么样。建议你多参加活动, 多和热情开朗的人交朋友, 以此来影响自己。

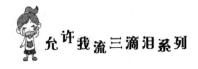

得 15~21 分：说明你很不可爱哦。在集体活动中，你喜欢以自我为中心，一切事情都要根据自己的想法来，而你的想法又都是只对自己有利的，所以比较招人烦。另外，你还非常懒，懒得打扮自己，懒得亲自动手，而且还老想指挥别人。所以，每当你招来别人的白眼时，一定要反省自己的言行，否则，同学们都不愿理你，那你就惨了。

3

别高兴得太早

终于盼到放暑假了，我的心情很轻松，就跟不再背负沉重书包的后背一样，太美妙了！

至少这近一个月的时间里，早上听不到刺耳的闹钟铃声；听不到妈妈那令人厌烦的唠叨声；看不到老师手中那一摞摞的考试卷子了……取而代之的是，我可以睡懒觉了，可以看电视了，可以玩游戏了……

凡是上学期间，我不能干的事，现在都可以干了。因为，我放假了！

可是，别高兴得太早！

放假第一天早上，正当我睡得香甜的时候，妈妈摇醒我，告诉我早餐在桌子上，别放凉了；告诉我别忘了昨天

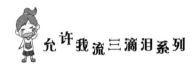

晚上给我布置的作业……

重复了 N 遍后，看到我彻底醒了过来，她才放过我，匆匆下楼去上班了。

为了不让美梦泡汤，我又赖在床上，眯着眼，直到又迷迷糊糊地睡着了。

"丁零零……"一阵刺耳的电话铃声突然响起。

我拿起表一看，9 点 40 分了。

电话是妈妈打来的，她要查我，看她交代给我的事都办了没有。

接下来，每隔几小时就打一次电话，看我是不是溜出去玩了，看我的作业进度如何，审问我玩没玩电脑，查我向同学都借了什么光盘来看……

原想着第一天妈妈对我不放心，查就查吧，结果，接下来的日子，天天如此。

为了防止我整天玩电脑，爸爸把电脑设了密码。发现密码被破译之后，他们又把网线收起来。我又重新买了一根，被他们发现后，他们终于知道了自己的电脑知识远不如我，知道了我的智商并不比他们的低。

于是，爸爸妈妈只好不停地打电话，问我在干什么。

晚上等我睡着以后，他们又非常辛苦、非常卖力地查电脑，除了查我玩了什么游戏之外，还查我上了什么网，看了什么内容。查完电脑还要查电话记录，看我给谁打了电话，打了多长时间……

再说说作业吧。

刚开始，为了腾出较多的时间去玩，我总是规规矩矩地把爸爸妈妈布置的作业做完，可是好景不长。我发现，他们布置的作业越来越多，哪怕我以最快的速度做完，睡懒觉和玩的时间也没剩多少了。于是，我剩下的没完成的作业也越来越多，我和爸爸妈妈的吵架声也越来越高。

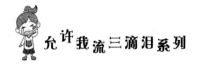

这样的假期，我过得真是很愤怒呀！还不如不放假呢！

不放假，他们上他们的班，我上我的学，谁也不干涉谁。平时妈妈要唠叨的话，我还可以冲她理直气壮地说："别说了，我还要赶紧做作业呢！"

现在倒好，白天，我要不断地举着电话，听妈妈那些重复无数遍的嘱咐；晚上，还要接受他们无休止的审查和唠叨……

刚开始，我对付他们的方式是顶撞，后来，就变为冷战了。

现在，我只盼着赶快开学。

可我心里明白，开学后，要不了多久，我又非常非常地盼着假期的到来。我更明白，当假期真的到来时，我的心情又会变得很糟糕很糟糕。

这一切，都是因为假期里的"战争"比平时更激烈。

我就不明白，好不容易放假了，上网玩玩怎么了？看看电视怎么了？睡个懒觉怎么了？难道我们就不能做一点儿自己的主吗？

唉，到底是上学好呢，还是放假好呢？

小嘀咕　男生　五年级

♔ 情绪涂改液

"小嘀咕"，你不用再"嘀嘀咕咕"了，无论上学，还是放假，只要"学"与"玩"安排得很好，都会过得很愉快，否则，学也上得不好，假也放得不好。

假期中，你和爸爸妈妈之间的"战争"比平常激烈，主要是你们相互之间都没有商量好。

其实，爸爸妈妈要紧张地工作，还要惦记着"盯"你，也很累的，他们过得并不比你轻松。

要想大家都过得轻松愉快，过得"质量"高些，烦来烦去，吵来吵去，是解决不了问题的。有那生气和吵架的工夫，还不如动动脑子，想想办法呢。

比如，你可以和爸爸妈妈一起，细分一下，一小时能做多少作业，一天能做几个小时。科学地分配这些任务后，你可以跟他们商量一下，在按时完成作业的情况下，其他

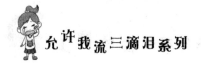

时间是不是可以留给你自由支配。

最重要的是，你要变被动为主动。当完成一项作业后，你赶紧打电话告诉妈妈你的作业进度。

你"盯"着爸爸妈妈，和爸爸妈妈"盯"着你，感觉就完全不一样了。不信，你可以试一试嘛。

愉快放松地度过一天后，当爸爸妈妈回到家时，你完成了他们交代的任务，就可以理直气壮地给爸爸妈妈提建议了。

比如，一起看电视，对某个节目发表评论。可以一起出去散散步，相互说说自己遇到的有趣的事、烦人的事。这气氛多和谐多温馨呀。

在这里，我还要站在你爸爸妈妈的立场唠叨几句。放假是让人放松的，不过睡得太过、玩得太过了，就不应该了。

每个人都是有惰性的，尤其是小孩子，爸爸妈妈"盯"着点儿也没什么错。

如果由着自己的性子，没有度地睡懒觉，把有限的时间大量地用在了娱乐上，每天都要玩三个小时，或者长达六七个小时的电脑、电子游戏，这样做的结果是，眼睛会红肿，

爸妈不是我的监工

神经会衰弱，身体会酸痛。甚至因为玩网络游戏上了瘾，饭也顾不上吃，还会导致胃病，使身体失衡，影响身体健康。

最可怕的是，等开学后，你就会发现自己得了"假期后遗症"。背课文，老背不会，想发脾气，注意力不集中，这都是因为假期中你的生活太自由、太不规律造成的。

"我就不明白，好不容易放假了，上网玩玩怎么了？看电视怎么了？睡懒觉怎么了？难道我们就不能做一点儿自己的主吗？"由此句话看出，像你这样的小孩子，哈哈，还是让爸爸妈妈管着点儿好。

如果你真不想让爸爸妈妈管的话，那就自觉地、严格地限制娱乐时间，连续看电视的时间不得超过一个小时。还要注意起居有序、营养适当、娱乐有节、学习有度。

多安排一些户外活动时间，增加与同龄人之间的来往。

只有做到这些，你才有资格对爸爸妈妈说"我的假期我做主"，才能让假期真正起到养精蓄锐的作用。

如果做到了这些，我想，你和爸爸妈妈之间的"战争"，一定会彻底平息。

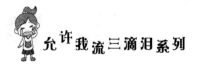

♛ 成长小测试

爸妈管得宽不宽

在日常生活中，爸妈会不由自主地帮助我们考虑很多问题，却常常忽略了我们也是有思想的人。

我们下面可以测试爸妈对我们管得到底宽不宽。只有了解爸妈的内心世界，才能有效地去和爸妈好好沟通哦。请仔细阅读下面的题目，并根据实际情况按照"是""否"来选择答案。

1．爸妈认为考出高分最重要，其他都是次要的。

2．爸妈希望你能够更加合理地安排自己的时间，不要弄得手忙脚乱。

3．爸妈不愿意你过多地参加课外活动。

4．爸妈有时特想知道你内心的真实想法，方式是通过偷看日记，或偷看手机短信。

5．爸妈对你学校的情况和老师的情况非常了解。

6．爸妈有时一看你完成学校的任务了，就赶紧再给你找点儿题来做。

7．爸妈希望你成熟现实一些，不要老是胡思乱想。

8. 你穿的衣服大多是爸妈帮你挑选的。

9. 爸妈不喜欢你老玩，他们希望老看到你学习。

10. 爸妈希望你能快乐地学习，也能快乐地玩。

11. 爸妈对你与异性的来往很紧张，哪怕是打个电话、发个信息什么的都非常紧张。

12. 爸妈有时会拿你的短处与别人的长处作比较。

13. 爸妈非常在意你和同学之间的关系处得好不好。

14. 爸妈会很关注你的学习习惯，并想办法帮你改掉不良的学习习惯和生活习惯。

15. 爸妈特想知道你的零花钱都花在什么地方了。

16. 爸妈总想随随便便地进你的房间，而且你还不能不高兴。

选择结果分析

答"是"计1分，答"否"不计分。

得0~4分：说明爸妈对你管得有点儿少。

得5~10分：说明爸妈对你管得恰到好处。

得11~16分：说明爸妈对你管得有点儿宽了，请他们给你一定的自由吧。

偏心老妈让我受伤

　　亲爱的妈妈，我有一肚子的话想对您说，可是，每次话到嘴边，又都咽了回去。今天晚上，我就鼓起勇气，把我的心里话都倒出来，给您听听吧！

　　亲爱的妈妈，我就想不明白，同样是您亲生的，同样是您一手拉扯大的，我现在的待遇为什么比弟弟差那么多呢？简直是一个天上，一个地下。

　　您经常对左邻右舍、亲朋好友说，甚至也经常对我说："女孩子长大以后，肯定没有男孩子有出息！"

　　妈妈，您知道吗？每当听到这话时，我内心有多么痛苦啊。

　　妈妈，您也知道，实际上在家里，我总是比弟弟强，干的活儿也多。

每天除了做作业之外，我不是洗菜、烧水、烧菜、做饭，就是刷锅洗碗、扫地、擦桌子；不是到菜园给菜浇水施肥，就是喂鸡、喂鸭、喂猪；有时还要给家人洗衣服，为弟弟服务。

每当我稍稍休息的时候，您总是说我懒，说我好吃懒做，不如弟弟懂事。可实际上，弟弟干过几次活儿呢？

我是您的亲生孩子，又是弟弟的亲姐姐，每次我都忍着，不和您顶嘴，怕您生气，可是，我呢，肚子却气鼓鼓的。妈妈，您说这公平吗？

妈妈，您也知道学习和吃哪个更重要。但是，为什么弟弟要吃火腿肠，您就给他买；弟弟要吃饼干，您就给他吃；弟弟要吃饭，您就去买那些很贵的东西回来给他做。而我要买《小学重点数学手册》，您不但不买，而且还骂我："整天就知道买书，也不见你的学习成绩提高。你看你弟弟，没买一本书，学习还那么好！"

每次挨骂，我都会偷偷地哭好久好久……

亲爱的妈妈，在您的眼里，我永远都不如弟弟，永远

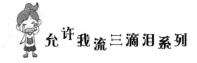

得不到您的疼爱。

我真恨自己不是个男孩子！我为什么是个女孩儿呢？

有时候，我累得要死，想休息一会儿，可是您却指着邻居孩子对我说："你就知道玩，你看人家婷婷、珊珊多么乖，帮妈妈放牛、喂猪、喂鸭、喂鸡……"

妈妈，您说她们能干，那我呢？所有的家务全都包在我的身上，您干过多少家务啊？您不知道，但我却知道。

从我五岁那年，我就开始做家务了。到我十一岁的今天，我做过多少家务，您算得过来吗？如果父亲地下有知的话，他也会为我难过的。可惜父亲他已被您气死了。

窗外吹来一丝风，好凉爽啊。

　　风呀风，请你快去吹吹妈妈吧，吹到她心里去，吹醒她那颗偏爱的心，吹掉她身上所有的缺点吧！

荷叶片　女生　五年级

♛ 情绪涂改液

　　都什么年代了？还有这么严重的重男轻女思想！有了这种落后的思想，你妈妈偏心弟弟，就不奇怪了嘛。

　　不过，总的来说，你妈妈肯定还是爱你的，只是她"重男轻女"的思想在作怪，再加上你们母女之间也缺少沟通而已。

　　找到了问题的根源就好办了。

　　首先解决你自己的认识问题。

　　的确，有的女孩子，也可能曾经羡慕过男孩儿，羡慕他们的豁达、开朗与坚强；羡慕他们可以在心情愉快的时候，放声大笑，不必害怕有人用扫把将他赶走；羡慕他们在心情烦闷的时候，可以对一堵墙、一棵树，挥一拳，感到疼痛时，再摸摸手指，无趣地走开。

　　长大后，你会发现，其实做个女孩儿也挺好的。

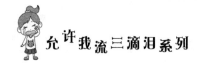

做女孩儿，可以留长长的秀发，穿飘逸的长裙；可以突发奇想，梳各种各样的发型，配各种各样款式的衣服；可以在心情不好的时候，大哭一场，不必担心别人异样的眼光。

做女孩儿，在空闲的时候，身边堆上一堆零食，可以和几个死党，叽叽喳喳，谈天说地，随心所欲，想到哪儿说到哪儿，自由自在，开心死了！

从内心深处不再为做一个女孩子自卑后，你就没有必要和妈妈争吵，更不要和妈妈记仇了，而要自信满满地找妈妈谈一谈。

谈心之前，你要收集一些女孩子长大成材的例子，以此来说服妈妈，当然，重点举出你和妈妈共知的、身边一些女孩子的例子，让妈妈心服口服。

如果最后还不行的话，你还可以将妈妈所做的偏心事，说的那些伤人话，告诉你的爷爷奶奶，或姥姥姥爷，或七大姑八大姨们，让他们出面对妈妈进行劝阻说服。

你还可以将妈妈的这些做法告诉学校的老师，让老师多在妈妈面前表扬表扬你。听了老师的表扬，妈妈肯定很开心，也会对你刮目相看的。

妈妈对你弟弟这么偏心，你一点儿也不忌恨弟弟，真是乖巧懂事啊！

同样，你也要体谅妈妈。爸爸去世了，可怜的妈妈，一个人要带两个孩子，那种心里的痛、身体的累，只有她自己心里知道。你是一个懂事的姐姐，那就再做一个贴心的女儿吧。

只要你找出有力的说服的例子，再加上多对妈妈说一些贴心的话，表明自己现在努力学习，就是为了长大有出息，而且也会做一个孝顺的女儿，肯定能把妈妈感动的。一次不行，多来几次，哈哈，只要妈妈不是铁石心肠，她一定会平等地对待你和弟弟的。

哦，也别忘了告诉妈妈，她这么娇着宠着弟弟，其实对弟弟的成长和良好品德的形成是非常不利的。如果这样下去，她倒是无意中把弟弟给害了呢。

记住，妈妈那颗偏爱的心，靠风是吹不"醒"的，她的缺点，也不是靠风吹掉的，而是要靠你这个乖乖女去"融化"呀。

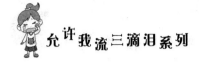

👑 成长小测试

你和爸妈"铁不铁"

这些测验答案，没有绝对的对或错，你可按照现在的心情来回答。假如你认为这件事"很少"或"从未"发生过，你就回答"不是"；假如你认为这件事已经发生或老是那个样子，你就回答"是"。

1. 你的话说到一半时，爸妈总是打断你吗？

2. 你们一家三口经常出去遛弯儿吗？

3. 决策家里的大事时，爸妈会告诉你，并让你参与进来吗？

4. 家人是否常在一起聊聊天，开开玩笑，讨论一些小问题？

5. 爸妈对你总是不放心，并经常把你当成不懂事的小孩子来教训吗？

6. 在慢慢长大的过程中，你遇到生理或心理上的问题时，会告诉你爸妈吗？

7. 爸妈经常对你讲又大又空的道理吗？

8. 你交什么样的朋友，做什么样的事情，爸妈会关注吗？

9. 你不喜欢将家中的事情告诉别人吗？

10. 当你不太同意爸妈的看法时，你不敢表示反对吗？

11. 在你印象中，你说什么，爸妈也听不进去，所以，出现问题时，你也不想去告诉爸妈吗？

12. 当你遇到伤心事时，爸妈会想办法让你开心吗？

13. 当爸妈不让你干什么，或者说什么时，他们是否告诉你原因？

14. 有关你的事情，爸妈经常替你做决定吗？你问不问决定的理由呢？

15. 为了使爸妈了解你，你经常主动向他们谈自己的想法及感觉吗？

选择结果分析

如果你的答案"不是"居多，那么你和爸妈的关系就不够"铁"。建议你和爸妈一起坐下来讨论你的答案。你告诉他们，你为什么要选择这个答案。父母了解你的想法越多，你们的沟通效果就会越好，关系就会越"铁"。

5

怀疑自己的身世

　　我原本是个性格开朗、喜欢开玩笑的男孩子，自从上了六年级后，我好像变成了另外一个人。

　　表面上，我生活得无忧无虑，可烦心事一点儿也不比别人少。

　　我有很多的心事想对人倾诉，可又找不到倾诉的对象。

　　爸爸妈妈老在耳边唠叨，特别是妈妈，她总爱拿我与别人比：别人家的孩子怎么怎么样。

　　他们是他们，我是我，为什么我要和他们比较？为什么我不能做真正的自己？

　　这阵子，姥姥和表妹来我家居住后，我的日子就更不好过了。

　　做作业时，表妹遇到什么不懂的问题就问我，有时我可以解答，但有时解答不了，表妹就会又吵又闹。姥姥每次都不管三七二十一，直接就气呼呼地骂我："大的都帮不了小的，算什么表哥！"

　　姥姥冤枉我，已经不止一次两次了。

　　有时候，即使我是不小心做错了事，她也故意把事情编成另外的样子，夸大我的错误和动机，好让妈妈对我"痛下毒手"。

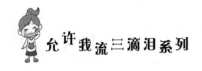

真的，我有越来越多的理由怀疑我的身世，怀疑我妈是不是我的亲妈，我姥姥是不是我的亲姥姥了。

对周围所有的孩子，我妈那个好呀，怎么说呢？好得让人忌妒，让我有一种深深的失落感。

好就好呗，可她却反而对我这个所谓的"儿子"，横挑鼻子竖挑眼，格外苛刻。

每当我为自己申辩时，妈妈总以我的"翅膀"硬了，学会了顶嘴，开始了对我的"呜里哇啦"，好一顿狂骂。

我数学成绩总是不理想，妈妈就经常挖苦我："瞧瞧，你这数学是怎么学的，又考了80多分。如果你再这样，休学算了，一年能省下好几百的各种费用呢！"

可我已经很努力了。有时凌晨一点了，我还在做题，还在读书……

不但妈妈这么说我，爸爸也说我笨，脑子慢。

正说着，我的表哥来电话了，说他的数学考了98分。

表哥和我都在上六年级，就在我们乡上学。

妈妈知道后，连连称赞表哥是个好孩子，还叫我向他学习。

表哥虽然脑子快，数学成绩优秀，但他的语文和英语成绩一塌糊涂呀，语文考了 71 分，英语考了 82 分。

"难道连他的语文和英语成绩也向他学习吗？"我在心里不服气地想。

事实上，每逢周六、周日，妈妈总会让我去给表哥补课，她希望表哥的语文和英语成绩也名列前茅。

表哥的科目都"瘸腿"了，妈妈还当着我和其他人的面夸他，而我都考了班上第二名，她还说我差。

表哥什么都不干，而我每天都干家务，她还说我懒；我与同伴有时候会拌拌嘴，她总是骂我犟脾气，跟人和不来；老师家访，她就以当着外人的面揭我的短为乐……

唉，您说说看，这是我的亲妈吗？亲妈能这样对待自己的儿子吗？

野草　男生　六年级

情绪涂改液

亲爱的"野草"，可不能因为妈妈的种种"不良"表

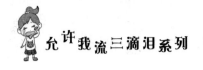

现，就怀疑妈妈不是亲妈妈，姥姥不是亲姥姥哦。

如果你坚持这种想法的话，那么，你和妈妈的"心距"会越来越远的。

其实，我也知道，你只是说说气话而已，对不对？

首先你先要理解你的姥姥。也许姥姥觉得你表妹的爸妈不在身边，担心妹妹有"寄人篱下"的感觉吧，所以，比较偏向她。

而你妈妈呢，可能是为了给姥姥面子，也为了表示自己不偏向自己的儿子，就当着她们的面，处处对你严厉管教。

对于姥姥，你只要对她老人家孝顺与热情就可以了。

至于表妹，你可以告诉妈妈和姥姥，作为一个哥哥，你可以让着妹妹，但如果大人过于袒护妹妹的话，那只能助长妹妹的坏脾气和形成不良性格。大人应该公正公平，了解清楚情况，该是谁的错就是谁的错，只有这样，哥哥和妹妹的关系才会越来越融洽。

有时候，妈妈老在别人面前贬低你，并不是故意与你过不去，也不是有意贬低你。我猜想，她是不是想通过自己的诉说唠叨，来展示自己的家长权威呢？

当有老师家访时，妈妈爱抖出一些你认为"见不得人的事"，她是不是想让老师多了解你一些呢？或许，她并没有觉得那些事有什么"见不得人"，相反，她觉得是一些有趣的事情。

哈哈，只是妈妈没有意识到你已经长大，说这些会让你很难堪吧。

妈妈总爱拿你跟别人的孩子比，这是她教育方法不当的问题，而不是亲妈后妈的问题。

妈妈让你去给表哥补课，目的很明显，就是想让你的表哥各科都能名列前茅。但是也许妈妈还有另一个不为人知的目的，那就是让你当表哥的小老师，这样，既帮助了表哥，又能让你再巩固一下所学的知识，真是一举两得呀。

只不过，妈妈的良苦用心，却激起了你对她更大的误会。

有了这越来越多的误会，就有了你越来越多的"怀疑"，那么，该怎么办呢？跟爸爸妈妈聊聊呗，把你的想法表达出来，把你的委屈和难堪说出来！

当妈妈总是不顾场合地贬低你时，你可以明确地告诉妈妈："我不喜欢你这样。"同时，你也可以问问妈妈："如

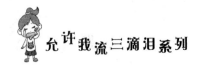

果我在别人的面前老是贬低你，你是什么感受？"

从来不顶嘴的你，突然发出强烈的反问，呵呵，肯定会引起妈妈的注意的。

当妈妈向外人抖你的"隐私"时，你还可以告诉妈妈："关于我的一些糗事，你不要告诉'全世界'好不好？我现在不是三岁小孩子了！"

好了，与你的爸爸妈妈、姥姥、表妹拉拉钩吧，从今以后，你们要多聊聊天，把心中的不满和不服摆出来，把大家的误解甩到太平洋去吧。

♕ 成长小测试

你会经常"耍刺儿"吗

一遇到外界刺激，哪怕是轻微的刺激，小刺猬就会立即把全身那很尖的刺儿竖起来。人们常常把那些过于敏感的人称为"刺猬人"。那么，你会经常"耍刺儿"吗？做做下列的测试题就知道了。

有一次，因一件小事，你最要好的朋友误解了你，还当面说了一些非常难听的、无情的话，这让你很伤心，你会：

A. 暴跳如雷，当场翻脸。

B. 向他解释，对方不听也要追在后面向他反复解释。

C. 冷静对待，然后再寻找一个合适的机会，或者通过第三方，向朋友解释清楚，有机会碰面时也会主动表示友好。

选项分析

选择A：你比较神经质，常处于一种戒备的心理状态。因为某一些事让你忘不掉，你就会变得更敏感。与选A的人做朋友，会比较辛苦，如果稍有表达不清，他就会理解为是针对他的。

选择B：你较为敏感，但比起选A的人来说，让自己受伤的机会比较少。虽然也偶尔会发神经，但只要别把某些事看得太重，也能和人友好相处。

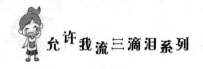

选择C：你对什么事都看得很开。每当与人发生争执时，会很快地开导自己，也能很快地原谅对方，与对方和好。表面上给人的感觉是太窝囊，但事实上，选C的人，很自得其乐哦。

第五章

在折磨与安慰中寻求协调

不相信自己的内心世界，

就会忽视自己的内心感受。

讨厌一个人时，

我们就和那个人绑在了一起，

这和喜欢一个人是一样的。

想把财权夺回来

　　我都是五年级的学生了，妈妈还总像对待一个不懂事的小娃娃一样对我。

　　如果我是个木偶也行，可我是一个越来越成熟的高年级学生了。

　　说起来真让人感到很郁闷。

　　比如说吃什么菜，由她说了算；穿什么衣服，由她买了算……

　　最最让我郁闷的是，连零花钱怎么用，也得由她来批准！

　　妈妈每个月"施舍"给我10块钱，有时心情好的时候，她会多给一点儿，搞得我像一个讨骨头的小狗似的，就差作揖谢恩了。可结果呢，我讨来的零花钱的"主管权"却归妈妈。

我每次买东西时，得先跟妈妈请示，然后才能去买。买完之后还得向她汇报花了多少钱，还剩多少钱。

为此，同学们常常笑话我，把我给烦死了，我都想跳进印度洋了。

我要说我一点儿也不喜欢压岁钱，你准得说我吃不到葡萄说葡萄酸。

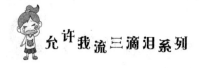

事实上，我得的压岁钱，比我们班的好多同学都多。可是，再多的压岁钱对我来说，都徒有虚名。

我的妈妈总是把我的压岁钱"收归国有"。

虽然每次我都和妈妈评理，但每次都以我的失败而告终。因为妈妈的一句话总让我无话可说："我要是不给人家还礼，人家能给你吗？"

这时，爸爸也会在一旁给妈妈助威："我们替你保管，你要用钱，再跟我们要。只要是正事，妈妈绝对会给你的。"

可事实并非如此。

有一次，我看中了一套百科全书，就跟妈妈要钱买。谁知，妈妈却说："买什么买？买回来就扔在一边，你也不看！"

我一听急了："你怎么知道我不看呀？你不是说干正事可以给我钱吗？你为什么说话不算数？买书又不是什么坏事，凭什么不给我？"

应该说，我是以理服人的，可是，妈妈不但不服，反而更生气了："考试又不考这个，买些语数外的练习题做做还差不多……"

"呜呜呜……"别的同学想买一件漂亮的文具,可以用自己的压岁钱;想买一包可口的点心,也可以用压岁钱;想吃一顿肯德基,也能潇洒地掏出钱来……

可我呢?

赶紧给我出个主意吧,帮我把财权抢回来!事成之后,我立马拿钱请您去吃肯德基,怎么样?

蓝色舞蝶　男生　五年级

♛ 情绪涂改液

亲爱的"蓝色舞蝶",我好喜欢你的这个笔名哦。

我喜欢蓝色,喜欢蝴蝶,尤其喜欢那些翩翩起舞的蝴蝶。

可以看出,你为妈妈剥夺了你的财权而"呜呜呜……"别着急,这个问题很好解决。

你先要告诉妈妈一些"大道理":学会理财,就跟学习语数外一样重要,这也是一种能力。而且,这种能力也

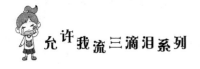

是需要从小培养的。

然后，你再做出具体行动来，让妈妈给你一个月的时间，好好表现一下这方面的能力。

你要专门准备一个记账本子，在上面整整齐齐地记上你在这一个月内买了什么，为何要买，花了多少钱，还剩多少钱……

关于你要钱买书的事，我坚决站在你这一边，坚决支持你!

哈哈，但要搞清楚，我不是支持你去找妈妈吵架啊。

我从来都认为"有理不在声高"，你可以轻声细语地给妈妈讲道理，告诉她读课外书对扩大你的知识面多么重要，这跟做几道语数外习题的效果是没法比的。

你还可以告诉妈妈，你买书是干正事，又不是去网吧打游戏，也不是跟同学攀比吃喝玩乐。

我相信你妈妈听了你的话后，会想明白的。

万一还讲不通的话（我说的是万一），你可以搬出救兵爸爸，还可以搬出救兵老师，最后肯定会搞定你妈妈的。

爱学习爱看书，是一件多么美好的事情呀!

总之，要想取得对自己零用钱的"主管权"，就一定要让妈妈相信你可是个花钱有谱的孩子，而且是一个把钱花到正道上的孩子。

事成之后，请我吃肯德基就免了吧，如果请我吃一顿有营养的大餐还差不多，呵呵。

♔ 成长小测试

你会花钱吗

花钱不就是消费吗？我挣钱不会，花钱还用学吗？做做下面的测试题，你就明白自己到底会不会花钱了。

说明：每小题选"是"或"否"即可。

1. 如果有同学突然邀你去吃麦当劳或去看大片，你要想一想才会做出决定吗？

2. 选书包时，你会先看是不是实用，再看是不是流行吗？

3. 在布置班级联欢会场地时，该怎么布置，需要买

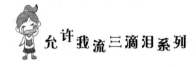

什么，在争论中，你很容易说服别人吗？

4. 和同学攀比吃喝玩乐，你觉得没劲，你觉得比学习才有劲。

5. 在平时花钱时，你给同学留下的印象是不是大手大脚？

6. 买些小东西时，你是公认的"杀价大王"吗？

7. 如果发现自己买的是假冒伪劣商品时，你会去找商家退货吗？

8. 你喜欢弄些小创意，如换换衣服和鞋帽的款式、变变发型吗？

9. 别人探听你的经济隐私，你也无所谓吗？

10. 你和爸爸妈妈会因为零花钱吵架吗？

11. 买东西时，你有要发票或收据的习惯吗？

12. 买东西时你会货比三家吗？

13. 在班里，坐在一个位置时间久了，你就不会太愿意换了吗？

14. 你买什么样的玩具和衣服都是自己做主吗？

15. 你买书时，是什么畅销就买什么吗？

选择结果分析

肯定回答得2分，否定回答得0分。

得20~30分：你比较会花钱，人也比较灵活，脑子里常想着独立，想要的东西一般都能得到。继续保持，你一定会成为一个理财高手的。

得8~19分：你很想学着花钱，就是想学着尽量花较少的钱，买到比较满意的东西，但不太独立，得接受别人的帮助，有时甚至完全依赖别人。

得0~7分：你花钱不会算计，买什么东西也拿不定主意，有时连自己想买什么或怎么买都不清楚。

花钱花时间的折磨

我现在上四年级，在班上是个很酷的女孩子，是个班干部，也算是班花。

同学们都很喜欢我，在年级大约 300 人中，我的成绩也不错，排到了年级前 20 名。

对我来说，学数学就像玩似的，给我带来好多乐趣。

除了老师教的以外，我还找初中的书看，现在我已经看初一的代数了。

上次做了一套初一代数的模拟考卷，我得了 87 分，把爸爸妈妈高兴坏了。

可是，我也有烦心事。

从上学期开始，我就想学跆拳道，但迟迟不能如愿。

晕倒!

妈妈不许我整天钻进男孩子堆里,说一个女孩子喜欢跆拳道,没什么出息,女孩子要在艺术方面多下功夫,能歌善舞会画,这才像个女孩子!

再次晕倒!

都什么年代了?女孩子哪点儿比男孩子弱呀?现在是阴盛阳衰的时代了。学习跆拳道,既能强身健体,在突发意外情况时还能防身,有什么不好的?

转身求爸爸,爸爸却和妈妈一个鼻孔出气:"学跆拳道,会让你的学习成绩下降。再说了,学这个没有啥用。"

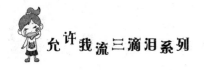

唉，我只是想学一门特长嘛，也不会影响学习的。

事实上，我玩电脑都快两年了，也不见我的学习成绩下降，更别提差了。

整天除了学习，还是学习，干吗不能学点儿自己喜欢的呢？

小孩子真可怜呀！

妈妈才不管可怜不可怜这一套呢，她硬是替我报了一个小提琴培训班。一个礼拜要去老师家三次，每天晚饭后还要拉一个小时，真是苦啊！

妈妈说："没有苦中苦，哪来甜上甜？好多歌星影星都能歌善舞，哪个不是小时候给逼出来的、打出来的？好好学吧，我也不打你骂你了。"

她这话让人听着，好像她还是个挺伟大的母亲。

没办法，我只好硬着头皮"锯"那"扁葫芦"了。

你说强扭的瓜甜得了吗？"锯"了一阵子，那"杀鸡"的声音实在让老妈忍受不了，这才善罢甘休。

趁此机会，我就发挥了女孩子的"特长"——撒娇："妈妈，在运动方面，我有天赋，你就让我报跆拳道吧。

妈妈说："我已经给你报了舞蹈班。"

"天啊，打死我也不去！"我一扭身，生气地说。

妈妈冲着我的后背说："由不得你，钱已交了。练练舞蹈吧，可以让你的身材更苗条，使你的气质更优雅。"

最后的结果是，妈妈还是把我"扭送"到了舞蹈班。

唉，谁让妈妈是一家之主呢？等什么时候我有钱了，我就自己做主，我要去报跆拳道班。

您觉得我妈是不是很自私？反正我觉得是。

她喜欢什么培训班，就给我报什么班，一点儿都不想想我的喜恶。

她花时间、花钱替我选特长班，对我来说却是一种折磨，我该怎么说服她呢？

快乐脚丫　女生　四年级

👑 情绪涂改液

如果不是因为做不了主、学不了跆拳道的话，"快乐脚丫"应该是一个很会给自己找快乐的女孩子呀，尤其是

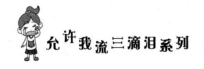

对数学，学起来跟玩似的，好得一塌糊涂。

妈妈认为女孩子学棋琴书画和舞蹈，能培养高雅的气质，能让自己变得更漂亮等等，也是有一定道理的。但是，妈妈在对跆拳道的认识上有偏见。

其实，跆拳道是一项具有表演性、观赏性的运动，很讲究礼让，能健体防身，而且能培养人顽强的竞争精神。

另外，妈妈确实忽略了"快乐脚丫"的兴趣，她完全按照自己的意愿替你做主，所以，你才觉得是一种"折磨"呀。

要想摆脱这种折磨，光跟妈妈顶嘴，说一百个不去也没用。

你可以从下面几个方面有理有据地去说服妈妈：

既然是特长，就要根据兴趣和潜在的能力去选择。一个人的精力有限，不必琴棋书画、文韬武略样样精通。

你可以向妈妈表白：我长大了，有了自己的主见，只有自己感兴趣才会出成绩。

事实证明，你对数学感兴趣，学得快乐，而且还小有成就。

你对小提琴不感兴趣，结果，时间和金钱都搭上了，却一点儿起色也没有。

再说了，是"快乐脚丫"学特长，又不是妈妈去学特长，当然是谁学特长，谁才有权利选啊，家长的意见只能做参考嘛。

现在，学跆拳道可不光是男孩子了，带妈妈到现场去感受一下，有好多女孩子学跆拳道呢。请老师给她讲讲女子学武防身的道理。

亲爱的"快乐脚丫"，祝你早日如愿！

👑 成长小测试

测爸爸测妈妈

你的爸爸妈妈对你很温和吗？和你说话时很亲切吗？迅速完成下面的题目，根据实际情况填写，不要反复斟酌，你就会很快得出结论哦！

1. 你爸爸妈妈会经常通过摸摸你的脑袋，或看你的

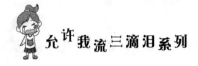

眼神，或用亲昵的话语表示对你的爱吗？

    A. 从不。B. 偶尔。C. 经常。D. 总是。

2. 爸爸妈妈非常欣赏你很有个性的一面，比如有个性的思想和做有个性的事情。

    A. 从不。B. 偶尔。C. 经常。D. 总是。

3. 爸爸妈妈对你的惩罚总是让你感到心服口服，没有什么可说的。

    A. 从不。B. 偶尔。C. 经常。D. 总是。

4. 当你在学习上遇到困难时，爸爸妈妈会伸出手帮你。

    A. 从不。B. 偶尔。C. 经常。D. 总是。

5. 爸爸妈妈总想用名人传记或励志类的书来影响你，希望你能成为有用之材。

    A. 从不。B. 偶尔。C. 经常。D. 总是。

6. 爸爸妈妈相信你的能力，交给你一件事情的时候非常放心。

    A. 从不。B. 偶尔。C. 经常。D. 总是。

7. 爸爸妈妈总喜欢拉上你一起聊天，一起出去玩等。

    A. 从不。B. 偶尔。C. 经常。D. 总是。

8. 爸爸妈妈会引导你做一些有意义的事情，比如让你和同学一起去图书馆、去运动、去参加小区活动。

　　A. 从不。B. 偶尔。C. 经常。D. 总是。

9. 爸爸妈妈会经常搂搂你的肩，甚至还喜欢拥抱你一下。

　　A. 从不。B. 偶尔。C. 经常。D. 总是。

10. 爸爸妈妈鼓励你有自己的想法，并要你表达出来，也希望你去实践与体会一下。

　　A. 从不。B. 偶尔。C. 经常。D. 总是。

选择结果分析

选A得1分，选B得2分，选C得3分，选D得4分。

得15分以下：说明爸爸妈妈有点儿太"家长"了，总是居高临下地看待你，不够了解你的内心世界，日常生活中总是给你冷冰冰的感觉。建议你和爸爸妈妈沟通一下，把你对他们的看法和感受直接说出来。

得15~25分：说明爸爸妈妈对你的态度有些冷淡，而且不太重视你的想法。事实上，他们也想好好地教育你，与你

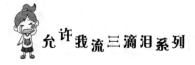

交流，但是缺乏一定的技巧。建议你选择一个很温馨的时间，把自己的感受委婉地说出来，要友好地交流。

得 24~35 分：你的爸爸妈妈是很优秀的家长哦！他们和你的关系非常融洽，能真正地尊重你。你很幸福哦！

得 35 分以上：你的爸爸妈妈差不多是很完美的家长了。他们对你温和体贴，善解人意。这样的爸爸妈妈，对于你的性格发展也是非常有好处的。你很幸运哦！

不想长大

　　尽管我从一个不懂事的小姑娘，变成了一个大孩子；尽管我是个比较开朗的小女孩儿，但在生活当中，我也有许多不开心的事情。

　　最不开心的事情，就是我总在想，长大了有什么好呢？

　　那些急于长大的孩子，听我这么一说，可能会对我翻白眼，但是，我可管不了那么多了，我就是不开心嘛！

　　在我倾诉完毕之后，你可能会对我收回白眼，也许还会为我流下几滴同情的泪水。

　　以前，爸爸妈妈总带我去公园，玩碰碰车、荡秋千，现在却不带我去了。他们实在受不了我的纠缠，就会不耐烦地说："这么大的孩子了，还去公园玩什么？那是小孩

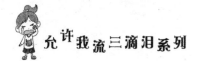

子玩的地方。"

以前，回到家写完作业后，我还可以出去玩一会儿。可现在，一看到我做完作业、准备往楼下开溜时，他们就立马变成了"拦路虎"，龇牙咧嘴地冲我大叫："都高年级了，还下楼玩什么！在家看看书，不要和那些小孩儿玩！"

看到他们这个样子，我好难过啊。

我"高速度、高质量"地完成了作业，换来的就是这个？

尤其是最近几天，我妈一看到我和好朋友瑞瑞、乐乐玩，就非常生气，总是千方百计地找借口把我支走。

看到我气得直流眼泪，妈妈居然数落我说："她俩都比你小，你跟她们玩，能玩出什么名堂来？再说了，跟她们玩学不到知识，你只有跟比你大的孩子在一起玩，才能学到知识！"

我的妈妈说得对不对，我不知道，但是我却知道，和瑞瑞、乐乐玩，我感到十分快乐、十分自由！而且我们三个人的感情很深的。

我该怎么办？是听妈妈的话，还是不听妈妈的话呢？

看着邻居小孩儿都在外面玩，我多么希望变回小时候呀！或者变得跟她们一样大。

实在不行，我宁愿变得比她们小一点儿也行，这样，我妈就不会阻止我跟她们一起玩了。

长大了有什么好呢？除了让我不开心外，让我感到尴尬的事还有很多。比如，妈妈带我上街买衣服。我现在既不是大人，也不是小孩儿，大人的衣服，我穿着大；小孩儿的衣服，我穿着又小，买什么衣服合适呢？有的成人服装我能穿，可穿在身上，难看极了！小孩子的衣服花花绿绿，各式各样，可我又穿不上，这不是干着急嘛！

我多么想变小啊！

变小，就可以常去公园。

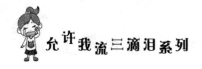

变小，就可以理直气壮地出去玩。

变小，就可以穿漂亮的童装……

总之，我非常非常想变小，越小越好！

小别扭　女生　五年级

👑 情绪涂改液

"小别扭"啊，读着你的来信，我抑制不住地放声大笑起来。

不过，你别担心，尽管周围的人，以"你神经病啊"的眼光看着我，我还是坚守我们俩的秘密，不告诉他们我为何发神经哦。

你的这种烦恼，许多大孩子已经历过了。

呵呵，每一个小孩子都会经历这段尴尬的日子，只不过，你知道不开心的原因在哪里，并且倾诉出来，而大部分孩子和你一样，遭遇这样的烦恼时，只知道心里烦，却不知为什么烦呢！

在这一点上，我可要"狠狠地"表扬你一下哦。

当你成长为一个初中生时，你还会遭遇新的尴尬。

比如，你会说，天啊，我现在既不能像青年一样，过"五四"青年节，又不能像小孩子一样，过"六一"儿童节，这到底是怎么一回事呢？

其实，这跟成长中遭遇的其他烦恼相比，根本算不上烦恼，这只是成长阶段中的一个小插曲而已。

首先，我要告诉你的是，人生的每一阶段都只有一次，都很宝贵啊。

小有小的好处，长大了有长大了的好处嘛。

你不能因为爸爸妈妈不带你出去玩碰碰车和荡秋千，不让你和年龄小的孩子玩，买不到合适的衣服等，你就不断地质疑：长大了有什么好呢？长大了有什么好呢？……

这种不停地质疑，对还要继续长大的你，很不妙啊。

流眼泪是没有用的，我不想陪你流泪，只想告诉你：当你爸爸妈妈不带你去玩时，你可以假装已经长很大的样子，瞅准节假日的黄金时光，"孝顺"地要"陪"爸爸妈妈去逛公园啊……然后，又假装要重温一下童年的时光，和爸爸妈妈一起玩碰碰车、一起荡秋千啊。

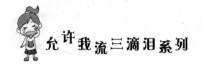

与流眼泪和生气相比，这几招儿更能打动爸爸妈妈，更能让自己的"阴谋"得逞呢！

也许，你爸爸妈妈心里明白，碰碰车和荡秋千并不只是小孩子玩的，可能他们是觉得你平时太幼稚，想让你变得成熟一些才拒绝的吧。

为了不让爸爸妈妈担心你太幼稚，你可以向爸爸妈妈列举几个跟年龄小的孩子玩的好处：比如可以锻炼自己的组织能力啊、领导能力啊，可以使自己更像个小姐姐一样啊，把懂得的知识教给她们啊……

与此同时，你一定要当面肯定并考虑老妈的建议哦：一定要扩大自己的交友范围，在和小朋友开心玩耍的时候，也要和比你大一些的孩子一起玩啊，那的确是会对你的心智成长有帮助的。

我相信，老妈听你这么一说，肯定会眉开眼笑，不再干涉你和多大的孩子在一起玩了。

对于"我'高速度、高质量'地完成了作业，换来的就是这个？"——你完全可以直接向爸爸妈妈这样问啊。

帮爸爸妈妈分析（其实在为自己分析啦）学好与玩好

的关系，让他们知道你的学习效率很高，而且学累了，需要出去放松一下，再回来看书，效果会更好一些。

你说得有道理，爸爸妈妈能听不进去吗？

你只要多参考一下同龄人的衣着，再多转转、多比较、多试试，很容易搞定的。

变小是不可能的，继续长大则是不可避免的。所以，只要学会与爸爸妈妈沟通，你不用变小，照样可以常去公园、出去玩，可以穿花花绿绿的漂亮衣服了。

♛ 成长小测试

你有充分的自信心吗

随着年龄的不断增长，要学会面对各种问题。你有充分的自信心来从容地解决成长中的烦恼吗？对下列题目做出"是"或"否"的回答。

1.是否觉得自己会经常遇到麻烦事？

2.是否觉得在众人面前说话很困难？

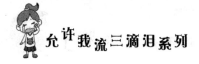

3. 如果有可能，你将会改变你自己的许多事情。

4. 你很难做出决定。

5. 是否没有许多开心的事可做？

6. 你在家里常常感到心烦。

7. 你对新事物的适应很慢。

8. 是否与你的同龄人相处得不好？

9. 你家里的人通常不关心你的感情。

10. 是否常常会做出让步？

11. 你的父母对你期望太多。

12. 你是个很麻烦的人。

13. 你的生活一团糟吗？

14. 别人通常不听你的话。

15. 是否对自己的评价不高？

16. 你多次有离家出走的念头。

17. 你常常觉得学习很烦，没有意思。

18. 你认为自己不像大部分人长得那么漂亮。

19. 是否常常欲言又止？

20. 是否觉得家里人不理解你？

21. 你不像大部分人那样讨人喜欢。

22. 是否常常觉得你家里的人好像是在督促你？

23. 你常常对你所做的事情感到失望。

24. 是否常常希望你是另外一个人？

25. 你是不能被依靠的。

选择结果分析

每题回答"是"记0分，回答"否"记1分。各题得分相加，然后乘以4即是你的自信总分。

得80分以上：属于自信程度较高的范围。

得70~80分：属于自信程度正常的范围。

得60~69分：属于自信程度偏低的范围。

得50~59分：属于自信程度较低的范围。

得50分以下：说明你很自卑，做事总是畏畏缩缩，缺乏信心。

表现不佳很烦躁

赵静老师，我想对您谈谈我的问题。

以前，我很会踢足球，是我们班足球队里的主将。每次在操场上和别的班"对抗"时，我的球技，总能获得男生的叫好声，还有女生的尖叫声。

可是最近，我开始练习打篮球了，而且由于我比较喜欢篮球，所以，课余时间差不多都交给篮球场了。

虽然我的篮球技术练得不错，但是我的足球水平却下降了。

上周，我们十班和九班比赛时，由于我在球场上的表现不佳，加油的同学们一直在看台上向我"嘘"，真是让人心里不爽啊！

回到家后，我的情绪很不好。我妈知道后，不仅不劝我，反而骂我笨蛋，并且说我样样都练，结果一样也没练好。

唉，真让人心烦啊！

我想打好篮球，又不想丢掉足球。您能帮帮我吗？把我心中的不爽和烦躁赶得远远的。

雨帆　男生　五年级

♛ 情绪涂改液

亲爱的"雨帆"：

你好！

关于提高踢足球或打篮球水平的事，我能帮助你，可

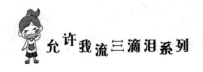

是且慢，我可不是当你的教练或陪练啊。因为我喜静不喜动。呵呵，其实最最重要的原因是我没那么高的水平。

"没那么高的水平还说能帮我？"一听这话，你保准来气了。可是，我会"纸上谈兵"啊！

我喜欢安静，不喜欢打球或踢球，但我并不讨厌看球赛啊。相反，我非常欣赏那些喜欢体育运动的小男生，他们那虎虎生威的劲头，真让我羡慕！

你妈骂你"笨蛋"，可能只是有口无心。

在"球类运动"上，笨就笨呗，毕竟每个人擅长的项目都不一样。况且你只是为了健身，并不是将来想学体育专业。

你如果喜欢体育的话，就把"只说说而已"的话当作耳旁风，该怎么练还怎么练，顺便还把你的抗挫折能力提高了呢，很划算的。

言归正传，说说"球"的事吧。

你可以向体育老师讨教踢球或打球的要领，这非常重要。

你还可以向"臭味相投"的球友请教。

掌握了规范的方法后，那就要靠你自己的刻苦训练哦。

平分一下踢足球和打篮球的时间吧，反正在练体力和球技上，都是相通的。

还是多练吧，"拳不离手，曲不离口"就是这个道理。世界冠军都是练出来的，而不是像我这样只"看"不练。

成长小测试

乘车看性格

乘坐公交车的时候，你通常会做些什么呢？对下面的选项做出选择，然后看看自己属于哪一类人。

A. 摇头晃脑地听音乐。

B. 看随身携带的漫画书或背单词。

C. 看着窗外发呆。

D. 闭着眼睛休息。

选项分析

选择 A：你是一个外冷内热的人，很少主动对人表示热情，貌似难以接近。实际上在熟悉的人面前，你不仅话多，

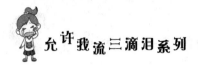

而且十分热情，一点儿都不"冷"。

选择B：你在人前总是一副很深沉的样子，所以在集体活动中你常被忽略。只有与好朋友在一起时，你那活泼开朗的一面才会"原形毕露"哦！

选择C：你对朋友一向来者不拒，不过你很少和朋友聊心事，多数都是你听别人诉苦。就是与你再好的朋友，也不见得会了解你真正的想法。

选择D：你是朋友眼中的开心果，总是表现得非常幽默、好玩儿，给人带来快乐，但这并不代表你是一个乐观、开朗的人。你之所以愿意当一个开心果，是因为你觉得这样做自己也会开心，是件两全其美的事。

目前的痛苦事

　　赵静阿姨，这是我第一次给您发邮件，就是要告诉您一件我感到痛苦的事情。

　　我今年上六年级，在这次期中考试中，我的语文只得了 83.5 分，数学考得还不错，但妈妈知道分数后，批评了我一顿，而且让我从现在开始，每天晚上都学习到很晚。赵静阿姨，快帮我把目前的痛苦事情解决掉吧！

　　这个学期，我们班换了一个新班主任，姓姜。

　　她可是一个苗条的美女呢，可在我的眼中，她却没有一点儿美女的风范，因为她实在是太注重考试的分数了。

　　最近三次考试，我的成绩总是原地踏步，为此，她把我叫到办公室，让我好好吃了顿"爆吵"大餐。

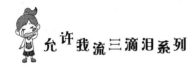

当我用完"大餐"出来时，"欲哭无泪，欲笑无声"的心情无可言喻。

背地里，同学们都叫她"僵老师"，唉，虽如此，可她还是我行我素。悲呀！

初次交谈，伤心事少提！

我的家乡在有"山水甲天下"美誉的桂林，哪天您到桂林来玩吧，我带你去游"桂林山水"，览"两江四湖"，准让您尽兴而归。

现在呀，有件事我不得不说了。我的好友在旁边一个劲地催我，让我把她介绍给您。

她嘛，是我的邻居，又是我的小学同学，您从她的名字陈美霞就可看出来，她可是个大美女哟。

陈美霞喜欢打篮球，是一个出色的体育健将，还是一个品学兼优的好学生。真可谓，德智体美全面发展呀，她要是有什么问题，您可要尽力帮助她哦。

我要对您说的话，还有很多很多，可时间却很少很少，我要去尽快完成"僵老师"的作业了。千言万语，只有一声真挚的祝福，祝您心想事成，快乐永驻，书越写越好！

凝檬　女生　六年级

♛ 情绪涂改液

亲爱的"凝檬"：

要想解决掉你目前的"痛苦"，那还得依实际情况而定。比如，你是偶尔考得不好，还是经常考得不好。

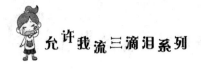

不管怎样，你都要把考试卷好好分析分析，看错在哪里，是属于不会做，还是属于太马虎。这些情况你都可以给妈妈讲一讲，取得她的谅解，并且告诉她学习到很晚，效果并不是太好，尤其是对小学生来说，睡眠不足，不仅影响健康，而且第二天听课，也打不起精神来。

只要你很坚定地向妈妈表示，你要自主地安排时间，要在下次拿出一个好成绩来，也许妈妈就会听从你的建议了。

总之，要有理有据地与妈妈做好沟通，你的痛苦，就会像那一粒粒的盐巴撒到了热水里，慢慢地溶化得一干二净了。

虽然学习压力大，但从你的字里行间可以看出，你是一个非常快乐、非常幽默的孩子：一边想着美景，一边陪好朋友聊天，还没忘记"僵老师"布置的作业。

亲爱的"凝檬"，我要是"僵老师"，一定爱死你了！

当然，不是"僵老师"的我，照样喜欢你哦！

☆ 成长小测试

从选择座位看学习态度

如果班主任让大家随便选座位，而你又是第一个开始选的，你会选教室里的哪一个位子？

A. 第一排正中间。

B. 教室的正中间。

C. 最后一排。

D. 离老师最远的角落。

选项分析

选择A：你是非常爱学习的好学生，而且是发自内心的热爱，没人强迫你，或者暗示你。真是很难得啊。你选择的位置很靠近黑板，老师的声音也可以听得很清楚，听课会很专注。

选择B：你是一个很希望老师注意你的人，你一直想出风头，但这种风头是与学习无关的。因为你并不在意老师讲的是什么，也不在意自己听进去多少，即使你想考个高分，那也不是为自己，而是为了做给老师看的，向同学炫耀的，

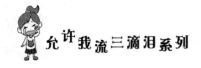

所以，你的学习主动性比较差，非常容易受外界的干扰。

选择C：你之所以会坐在最后一排，表示你是个不喜欢被老师注意，也不喜欢出风头，只喜欢安安静静想自己事情的人。你也很爱学习，但你更在意自己的私人空间。比如，老师讲得好，你就好好听，老师讲得无趣，你就会没兴趣，而做自己喜欢做的事情了。

选择D：你恨不得做个隐身人，让老师看不到你，而你也不想看到老师。你不是很讨厌老师，而是你实在讨厌上课。你是一个不爱学习的孩子，当然离讲台越远越好了。这对你的学业很不利哦。建议你找老师，或找爸爸妈妈好好聊一聊，把自己不喜欢学习的苦恼说出来，然后大家一起想办法，慢慢做些改变，直到你尝到一些学习的甜头。

后　记

这套书内容的真实性，毋庸置疑！

"小补丁""冷冰雪""小苦瓜""闷心菜""笨笨羊"……信尾署的都是这类怪里怪气的网名。

这些甩掉烦恼的"小补丁"们，很愿意分享他们在成长蜕变中的酸甜苦辣，这是我非常意外，也非常感动的事情。

再与你分享一个秘密，那就是这套书的丛书名，来源于作者与小读者的对话，这也是我从来没想过的事情。

为什么只允许我流三滴泪？不不不……我要流十滴、百滴、万滴、万万滴……

好吧好吧，我投降了！不过，我还是希望你只流三滴泪，只悲伤三分钟——时间都耗费在逃学、跺脚、挠墙的纠结中，实在是太傻了！快速宣泄，赶紧想辙吧，眼泪又不会施魔法，更不会解救你，一切都得靠自己的智慧——成长的智慧！

另外，书中设置了有趣的"成长小测试"，闲暇之余，你可以做一做这些小测试，但可不要太当真哟！

寻词游戏
答案

我渴望被尊重。
生活要五颜六色。

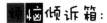 烦恼倾诉箱：

当烦恼困扰你时，与其默默忍受，不如写信给 jingzhaohu@sina.com，你会得到赵静这个大朋友的倾情帮助；热心的你，还可以给有同样烦恼的人支个招儿，你会发现这是一件非常有意义的事情，既提高了自己应对烦恼的能力，又帮助了别人。还犹豫什么，赶紧行动吧！